버려야
채워진다

SUTERU SHIAWASE

© TOEN FUJIWARA 2014

Originally published in Japan in 2014 by ASA PUBLISHING CO., LTD. TOKYO,

Korean translation rights arranged with ASA PUBLISHING CO., LTD. TOKYO,

through TOHAN CORPORATION, TOKYO, and EntersKorea Co., Ltd., SEOUL.

버려야
채워진다

비워야 새롭고 좋은 것이 들어찬다

무엇을 버리고
무엇을 채울 것인가에 대한
큰스님의 조언

후지와라 도엔 지음 김정환 옮김

센시오

조금 가벼워지는 것만으로도 족하다

지금 우리는 역사적으로 그 어느 때보다 풍요로운 환경에서 살아가고 있습니다. 하지만 사람들은 이렇게 풍요로운 생활에도 좀처럼 만족하지 못하고 더 많이, 더 다양하게 갖고 싶어 합니다.

그 하고 싶고 갖고 싶은 마음, 즉 '욕(欲)'이나 무언가를 손에 넣기 위한 노력은 결코 나쁜 것이 아닙니다. 오히려 살아가기 위해 꼭 필요한 것이라고까지 할 수 있지요. 문제는 그 끝없는 욕망이 오히려 만족감으로부터 자신을 멀어지게 한다는 사실입니다. 몸과 마음이 모두 욕망에 얽매어 있게 되면 마음이 점점 빈곤해지게 되는 것입니다.

과감하게 버림으로써 얻을 수 있는 만족감, 진정한 충족감이 있습니다. 이 책에 《버려야 채워진다》라는 제목을 붙인 이유는 여러분에게 이런 사실을 꼭 알려주고 싶어서입니다.

이 세상에 손익을 따지지 않고 사는 사람은 단 한 명도 없을 것입니다. 물론 저 역시도 마찬가지고요. 자신도 모르게 '어떻게 하면 내가 이익을 보지?' 하고 계산하는 것은 인간으로서 어쩌면 당연한 행동입니다. 다만 끊임없이 솟아나는 이런 마음은 우리가 살아 있다는 증거인 동시에 마음을 점점 자유롭지 못하게 만드는 무거운 짐이기도 합니다.

우리가 살아가는 집이나 방도 불필요한 물건을 쌓아놓거나 정리하지 않으면 점점 더 어질러지게 됩니다. 그러면 정돈된 생활과는 거리가 멀어질 뿐만 아니라 공기까지 탁해집니다. 필요한 물건이 있어도 찾기가 쉽지 않게 되죠. 마음도 마찬가지입니다. 마음이 탁한 상태에서는 직장에서든 가정에서든, 또 인간관계에서도 그때그때 상황에 맞는 적절한 판단을 하지 못하게 됩니다.

다만 그렇다고 해도 오랜 시간에 걸쳐 쌓여온 마음을

전부 깔끔하게 버리기는 매우 어려운 일입니다. 자칫 '완전히 버리지 못할 바에는 그냥 이대로 내버려두는 편이 낫지 않을까?'라며 포기해 버리는 경우도 있을 수 있습니다.

그래서 여러분에게 이렇게 제안하려 합니다.

물건이든 마음이든 전부 다 버릴 필요는 없습니다. 다만 이런 것들에 지배당하지 않을 방법을 궁리해 보는 건 어떨까요?

사람의 마음에는 다음의 네 가지가 반드시 존재합니다.

- '언제나 부족해'라는 목마른 기분
- 손익, 승패, 선악 같은 두 가지 생각 중 어느 한쪽으로 치우치는 사고방식
- 거리끼거나 얽매임으로써 마음을 경직시키는 완고함
- 자신의 생각을 버리지 못하고 집착하는 마음

이것들을 조금이라도 가볍게 하는 것이 버리는 것이지요. 이 책에는 이런 마음의 문제를 어떻게 풀어갈지에 대

해 저 나름대로 궁리한 것들을 자세히 적었습니다. 여러
분도 몸과 마음을 편하고 자유롭게 만들 수 있는 본래의
힘을 되찾을 수 있기를 바랍니다.

차 례

1

욕(欲)은
_____

정도껏!

○

온갖 보물을
나오게 한다고 한다
거짓말이야
사치에 빠진 머리를 깨부순다네

_하쿠인의 서화 '요술망치'

인간은 욕으로 이루어진 존재
욕을 활용하되 지배당하지 않는다

인간에게는 욕(欲)이 있습니다.

'욕구' 또는 '욕망'을 뜻하는 욕에는 식욕, 성욕, 물욕, 재물욕, 명예욕, 수면욕… 나열하자면 한도 끝도 없지만, 욕은 인간이 살아가기 위한 원동력이며, 없어서는 안 되는 것입니다. 아니, 인간은 애초에 욕으로 이루어진 존재인지도 모릅니다.

엄격한 수행과 금욕적인 생활을 한다는 이미지가 있어서 그런지, 불교는 욕과 무관하며 욕을 부정한다고 생각하는 사람이 많은 듯합니다. 그런 사람들의 기대(?)에 반하는 것 같아 미안하지만, 불교는 욕을 오히려 긍정하기까지 합니다. 의외라는 생각이 드시나요?

일본 사찰에서는 한 해를 마무리하는 섣달 그믐날 밤에 108번의 종을 치는 풍습이 있습니다. 한 해의 마지막 날 밤 107번을 치고, 새해가 시작되는 순간 1번을 쳐서 108번을 완성합니다. 이렇게 종을 치는 것은 불교에서 말하는 108가지 번뇌, 즉 욕과 관련이 있습니다. 한 해를 시작하면서 108가지 번뇌로부터 자유로워지고자 하는 바람을 담은 것입니다. 그때만큼은 많은 사람이 맑고 깨끗한 마음으로 새해를 맞이하기 위해 추운 날씨에도 불구하고 사찰을 찾아와 제야의 종소리를 듣습니다.

이 제야의 종과 같이 인간을 욕망으로부터 해방시켜 혼을 정화하는 것이 불교의 본분인 것은 맞습니다. 그러나 불교가 욕 자체를 완전히 부정하는 것은 아닙니다. 오히려 불교에서는 인간과 욕은 끊으려야 끊을 수 없는 관계라고 보고 어떻게 욕과 마주하며 사느냐가 인생을 좌우한다고 가르칩니다.

일본의 근대 사상가이자 교육자였던 후쿠자와 유키치

는 "욕을 더 많이 드러내고 살라"고 권했습니다. 야심과 욕망이 있기에 자신을 위해서 살 수 있으며, 사회에도 이익이 된다고 말했죠. 물론 금전욕이 지나치면 의리나 체면 따위는 신경 쓰지 않게 되고, 사업욕이 지나치게 강하면 목적을 위해 수단을 가리지 않게 됩니다. 그래서 후쿠자와 유키치는 욕과 마주하며 사는 방법까지 명확하게 가르쳤습니다. "욕의 평균을 잃어서는 안 된다"라고 말하고는 "그 평균을 잃으면 해롭다"고 경고하기까지 했죠.

그가 말한 '욕의 평균'이란 어떤 의미일까요?

예를 들어, 도요토미 히데요시는 '욕의 화신'과도 같은 인물이었지만, 그가 처음부터 천하를 차지하겠다고 마음먹은 것은 아니었습니다. 하급 무사일 때는 하급 무사로서 최선을 다했고, 사무라이 대장이 되었을 때는 사무라이 대장으로서 최선을 다했으며, 한 지역의 영주가 되었을 때는 영주로서 최선을 다하는 등 자신이 있는 위치에서 항상 최선을 다했습니다. 요컨대 자신의 욕을 실현하기 위해 현재의 위치에서 열심히 노력해 임무를 최대한으로 달성함으로써 한 계단 한 계단 착실하게 올라간 것입니다.

게다가 자신을 총애하던 오다 노부나가의 기대에 조금이라도 더 부응하기 위해 노력했는데, 어떻게 하면 오다 노부나가가 기뻐하고 자신을 인정해 줄지 궁리하며 제 몸을 돌보지 않고 애썼습니다.

도요토미 히데요시는 욕을 긍정적인 방향으로 향하게 하고 이따금 멈춰 서서 이대로 가면 되는지 반성함으로써 자신이 가진 욕을 그야말로 넘치지도 모자라지도 않게 이뤄냈습니다. 후쿠자와 유키치가 말하는 '욕의 평균'을 신경 쓰며 살았던 거죠. 적어도 천하를 평정하기까지 히데요시는 욕과 현명하게 마주했다고 볼 수 있습니다.

불교에서는 욕을 실현하며 사는 것도 행복의 한 측면이라고 인정하지만, 한편으로 그것은 어디까지나 일시적인 행복이라고 봅니다. 그렇다면 무엇이 진짜 행복이라고 볼까요? 그것은 바로 '마음이 그 무엇에도 어지럽혀지지 않고 평온한 상태', 즉 '안심(安心)'의 상태를 말합니다.

이와 같이 '행복'을 '안심'으로 바꿔서 생각해 보면 끝없는 욕을 계속 충족시켜 나간다고 해서 반드시 행복한 인생을 살 수 있는 것은 아니라는 것을 알 수 있습니다.

욕에 둘러싸여 욕을 추구하기만 해서는 평온무사한 마음이 생겨날 수 없기 때문이지요.

끊임없이 욕을 추구하는 것도 안 되지만, 그렇다고 전혀 추구하지 말라는 말은 아닙니다. 정도껏 추구하는 상태, 지나치게 추구하지 않는 상태일 때 비로소 흔들리지 않는 진정한 행복을 느끼게 되지 않을까요?

일본 선종 승려 도겐은 '안심'은 곧 '안신입명(安身立命)'이라고 말했습니다. '자신의 몸을 평온하게 유지하고, 하늘로부터 부여받은 목숨을 다하는 것이 중요하다'는 가르침이 담긴 말입니다.

욕은 인간이 살아가는 데 있어서 원동력이 되며, 없어서는 안 될 것입니다. 하지만 욕이 지나치면 쓸모없는 경쟁에 휘말리게 되어 자신은 물론 타인도 상처를 받게 됩니다. 몸과 마음을 채우고 인생을 행복하게 살기 위해 가졌을 욕이 몸과 마음에 해를 입히고 인생을 불행하게 바꿔 버릴 수도 있습니다. 즉, 욕을 버림으로써 행복을 얻게 되는 경우도 많습니다.

인간이 욕을 갖는 것은 당연한 것입니다. 다만 욕에 지배당하기 전에 하늘로부터 부여받은 목숨을 감사히 여기고, 그 목숨을 소중히 여겨야 합니다. 그리고 몸과 마음을 평온하게 유지해야 합니다. 그런 다음 자신에게 진정으로 필요한 욕을 찾고, 그 욕을 삶의 활력으로 활용하십시오. 진정으로 행복한 인생은 여기에서 시작됩니다.

있든 없든 신경 쓰지 않는다
있는 그대로를 받아들인다

사람들은 "저 사람은 뱃속에 뭔가를 숨기고 있어"라는 식의 말을 종종 합니다. 정체를 알 수 없는 좋지 않은 것을 마음속에 숨기고 있다는 의미인데, 이 '뭔가'라는 표현은 욕이나 자아(自我)라는 말로 바꿀 수도 있을 겁니다.

욕이 지나치게 많은 사람, 자아가 지나치게 강한 사람은 그것을 충족시키기 위해 부정한 생각을 품고 타인에게 상처를 입히는 경우가 많습니다.

그 정도로 사악하지는 않더라도 인간은 누구나 많든 적든 욕이나 자아를 갖고 있습니다. 이것은 당연한 일입니

욕(欲)은 정도껏!

다. 하지만 지나치게 많은 욕이나 자아가 마음속에 있을 때는 자신밖에 보이지 않게 됩니다. 선(禪, 선종)에서는 이런 상태를 '마음이 매우 빈곤한 상태'라고 가르칩니다.

다만 그런 자신을 깨닫지 못하는 경우가 많은데, 이 또한 인간의 모습일지 모릅니다.

다네다 산토카라는 하이쿠 시인이 쓴 다음과 같은 시가 있습니다.

버리지 못하는
무거운 짐
앞과 뒤

정처없이 떠돌아다니면서 끝없는 방랑 여행을 한 것으로 알려진 다네다 산토카에게는 짊어지고 가야 할 짐이 아주 조금밖에 없었을 것입니다. 그런데 겉으로 드러나는 짐은 최대한 버렸지만 눈에 보이지 않는, 완전히 버리지 못한 짐이 그의 발걸음을 무겁게 했습니다. 청정한 삶을 추구하면 추구할수록 완전히 버리지 못하는 짐은 더 무거워졌습니다. 끊기 어려운 술이나 혈육의 정, 성욕 등으로 마음속에 번뇌가 꿈틀거리는 것은 막을 수 없었던 것입니다. 이렇게 감당하기 벅찬 짐을 완전히 버리지 못한 채 "앞과 뒤"에 짊어지고 살아야 했던 산토카의 고뇌가 짧은 글 속에서도 느껴지는 듯합니다.

그런데 임종이 가까워짐에 따라 산토카는 마침내 '안심'의 경지에 조금씩 다가갈 수 있었습니다. 자신의 번뇌 하나 어찌하지 못하고 후회하며 하루하루를 살아가던 산토카는 어느 허름한 암자에 정착했습니다.

자라는 잡초의 편안함에 있구나

마당의 잡초처럼 꾸미지 않고, 경쟁하지 않고, 교만하지 않고, 무엇인가를 바라지 않고 끈질기게 살아남아서 마침내 꽃을 피우고 시들어 가면 된다는 말로, 산토카는 마침내 편안한 마음가짐을 갖게 된 것입니다. 마음속에서 구름이 걷혔을 때, 그는 지금 그곳에 있음의 고마움을 깨닫고 감사하는 마음이 생겨났습니다.

알몸으로 태어났으면서 무엇이 부족한가

이런 시구도 있습니다. 우리가 누리는 명예나 지위, 돈, 재산은 태어날 때 가지고 오는 것들이 아닙니다. 물론 죽을 때도 알몸으로 가게 되지요.

"무일물중무진장(無一物中無盡藏) 유화유월유루대(有花有月有樓臺)"라는 선어(禪語)가 있습니다. 선어는 선종의 가르침을 말합니다.

여기서 '무일물'이란, '이 세상은 본래 아무것도 없었다'는 의미입니다. 우리는 날 때 아무것도 없이 태어납니다. 하지만 성장해감에 따라 짐을 짊어지게 되고, 그 아무것도 없는 경지에서 점점 멀어지지요. 인간의 본래 자기(自己)는 그 무엇도 가지고 있지 않은 존재, 더러움도 없고 죄도 없으며 번뇌조차 없는 존재이므로 그저 있는 그대로의 현실을 받아들이며 솔직하게 살면 됩니다.

그런 경지에 이르렀을 때, 아니 그런 경지로 돌아갔을 때 지금까지 평범했던 세상이 크게 열리며, 접하는 모든 것에 '무진장'의 풍요가 나타납니다. 즉, 아무것도 없으나 하염없이 많은 것을 누릴 수 있다는 의미지요.

'번뇌조차 없다'는 것은 조금 받아들이기 어려울지도 모르겠습니다. 욕이나 번뇌가 있기에 비로소 인간인 것 아니냐고 말할 수도 있을 것입니다. 하지만 앞에서 말한 것처럼 '이것도 갖고 싶고 저것도 갖고 싶다'는 욕이 지나치게 많은 상태가 되면 마음이 황폐해집니다. 그리고 '나는', '나는' 하면서 자아가 지나치게 강한 상태가 되면 다정함을 잃어버리게 됩니다.

한편 '물건이 없는 편이 좋아', '나는 없어도 돼'라고 억지로 자신을 설득하려고 하는 것도 마음을 괴롭게 하기는 마찬가지입니다.

가장 마음이 편안한 상태는 '있든 없든 신경 쓰지 않는' 상태가 아닐까요? "무일물중무진장"을 저는 이런 뜻으로 이해하고 싶습니다. 그것은 우리가 이미 갖고 있는 것이나 우리에게 주어진 주변 환경을 있는 그대로 받아들인다는 뜻입니다.

지금의 상태를 그대로 받아들이며 충분하다고도 모자라다고도 생각하지 않고, 배불러하지도 배고파하지도 않으며 '이 정도면 딱 좋아'라고 만족감을 느낄 때 마음의 집착을 떨쳐내고 상쾌한 마음으로 살아갈 수 있게 되지 않을까요?

"덕분입니다"

바라지 않으면 기꺼운 마음으로 살 수 있다

사람은 누구나 자신이 올린 성적이나 실적을 다른 사람들이 높게 평가해 주기를 바랍니다. 그 성적이나 실적을 올리기 위해서 들인 노력과 에너지가 크면 클수록 "잘했어", "훌륭해", "고마워" 같은 말을 듣고 싶은 것이 사람의 마음일 겁니다.

물론 이런 인간의 욕구 자체를 부정할 생각은 없습니다. 다만 저는 만약 자신이 이룬 것을 과시하지 않고 조용히 있을 수 있다면, 그런 사람이야말로 정말 멋진 사람이라고 할 수 있지 않을까 하고 생각합니다.

젊은 사람들이 상사나 윗사람과 함께하는 자리에서 가장 듣고 싶어 하지 않는 것이 윗사람의 무용담이라고 합니다. "나는 이렇게 대단한 사람이야", "내가 이런 걸 했지" 하면서 노골적으로 자신의 업적을 자랑하는 경우, 그걸 듣는 사람들의 마음은 어떨까요? 대부분의 사람은 짜증이 날 겁니다.

젊은 사람들의 눈치를 보라는 말은 아니지만, 사실 "내가 이런 것을 했다", "저런 것도 했다" 하며 콧대를 세우는 사람에게서는 불손함이 느껴집니다. 설령 젊은 사람이 아니더라도 자기 자랑이 늘어지는 사람을 가까이하고 싶어 하는 사람은 없기 마련이지요.

선에서는 이렇게 사람들에게 좋은 평가를 받고 싶어 하고, 자신에게 감사하는 마음을 갖기를 바라는 것을 '자신의 공적에 대해 집착하는 상태'라고 봅니다.

달마 대사의 일화 중에 이런 것이 있습니다. 인도에서 중국으로 처음 선불교를 전파한 달마 대사가 양나라 무제를 만났을 때의 일입니다.

양 무제가 달마 대사에게 물었습니다.

"짐은 즉위한 이후 14년 동안 사람들을 제도하고 절을 짓고 경을 쓰고 불상을 조성했는데, 이런 짐에게는 어떤 공덕이 있습니까?"

무제는 이 정도로 불교를 깊게 믿고 수호하는 사람이라면 분명 큰 공덕이 있으리라 자신했던 것입니다. 그의 질문에 달마 대사는 이렇게 대답했습니다.

"공덕이 없습니다."

콧대를 높이 세우고 자신의 공적을 치하할 거라 기대했던 무제는 원하던 답을 듣지 못했습니다.

사실 양 무제와 달마 대사는 살았던 시대가 달랐기 때문에 두 사람이 만난다는 것은 현실적으로 불가능했다고 합니다만, 어쨌든 이 이야기에는 '무공덕(無功德)'이라는 깊은 가르침이 담겨 있습니다.

'무공덕'이라는 것은 공덕이 '없다'는 의미가 아니라 공덕을 '추구하지 않는다'는 뜻입니다. '추구하지 않는 것, 공덕에 얽매이지 않는 것이 곧 공덕'이라고 하면 이해가 되실지 모르겠습니다.

타인의 평가도, 존경도, 감사의 말도, 대가도 바라지 않고 그저 묵묵히 덕을 쌓으며 살 수 있다면 우리는 지금보다 훨씬 기꺼운 마음으로 살 수 있지 않을까요?

바람을 가지고 있다가 자신의 기대에 어긋나게 되거나 얻지 못하게 되면 마음이 괴로워집니다. 하지만 처음부터 기대하지 않으면 얻지 못했을 때의 괴로움도 존재하지 않게 되지요.

사람들은 저마다 다양해서 여러분이 아무리 애를 써도 위로나 감사의 말 한마디 하지 않는 사람도 있습니다. 그런 일에 일일이 휘둘려서 화를 내거나 슬퍼하거나 아쉬워하면 마음만 어지러워질 뿐입니다.

주변 사람들의 반응에 감정이 흔들리지 않고 항상 태연자약하게 살기 위해서라도 처음부터 바라지 않는 편이 좋은 것입니다. 저는 이를 '무의 공덕'이라고 부릅니다.

이렇게 말하는 저 역시도 '사람들로부터 좋은 평가를 받고 싶다'는 마음이 전혀 없지는 않습니다. 없다고 말한다면 그게 거짓말이죠. 하지만 한편으로 이런저런 시도를 할 수 있었던 것은 모두 주위 사람들 덕분이라고 항상 생각합니다. 저 혼자서는 무엇 하나 제대로 이루지 못했을 것입니다. 이런 생각을 할 때마다 도와주신 분들, 뒷받

침해 주신 분들에게 감사하는 마음이 커집니다. 제가 대단하다는 생각은 전혀 하지 않습니다.

무공덕의 경지에 도저히 이르지 못하더라도 주변 사람들 덕분에 지금처럼이라도 살 수 있다고 생각해 보십시오. 그러면 적어도 공적을 독차지하고 과시하려는 불손한 사람은 되지 않을 것입니다.

눈앞에 있는 것과
어떻게 마주할 것인가?
욕이 지나치면 자신을 잃게 된다

앞에서도 말씀드렸듯이 사람은 누구나 많든 적든 인정받고 싶다는 생각을 합니다. 명예에 관심 없는 사람은 없을 것입니다. "자네 경력이 대단한 걸!", "뭐든지 다 잘하는군" 같은 칭찬을 받으면서 기분 나쁜 사람은 많지 않을 것입니다. 우리 주변에는 먼저 자신의 실적을 자랑스럽게 말하거나 멋진 모습을 보이려고 하는 경우도 종종 있습니다. 그렇지는 않더라도 상대가 자신을 조금이라도 얕잡아 보거나 기대한 만큼 대접을 받지 못할 때는 누구나 화가 날 것입니다.

이 정도라면 이해할 수 있는 수준일 것입니다. 타인에게 좋은 평가를 받고 싶어서 노력하는 것은 나쁜 일이 아닙니다. 하지만 노력도 하지 않으면서 대단한 대접을 받으려고 하는 경우에는 무시만 당할 뿐입니다. 나아가 자기 스스로 잘난 체하면서 다른 사람들을 내려다보거나 오만하게 행동하는 경우에는 미움을 받게 될 수도 있습니다.

또 나름의 지위를 얻으면 거기에 집착하게 되며, 혹시 그 자리를 잃게 될지 모른다는 불안감이 엄습해 와 더욱더 그 지위에 미련을 갖게 됩니다.

그렇게 생각해 보면 있는 그대로의 자신을 드러내며 사는 것은 참으로 어려운 일인 것 같습니다. 다른 사람들의 평가나 소문에 신경 쓰지 않고, 때가 되면 미련 없이 그 지위도 버릴 수 있다면 더없이 자유롭게 살아갈 수 있을 것입니다.

돈이나 재산이 많으면 원하는 것을 살 수 있고, 다른 사람들과 격차를 벌일 수도 있고, 즐길 수 있는 것도 많을 겁니다. 가족을 부양하는 데도 어려움이 없고, 노후도 보장

됩니다. 사람들이 돈을 많이 벌고자 열심히 일하는 것도 다 이런 것들을 얻기 위해서입니다. 이렇게 사사로운 이익을 탐하는 걸 '이욕(利慾)'이라고 합니다. 그런데 이욕은 결코 나쁜 것이 아닙니다.

하지만 이욕을 가지면 돈을 벌고 싶다는 욕구가 점점 강해집니다. 그래서 정신없이 일만 하게 되고, 마음에 여유가 없어져 오히려 생활이 피폐해집니다. 여기서 더 심해지면 돈 버는 것 자체가 목적이 되어 버리지요. 그리고 돈이나 재산이 줄어드는 것을 용납할 수 없게 되며, 두려움도 커집니다.

명리(名利)의 욕은 누구에게나 있습니다. 그러나 그 도가 지나치면 그것에 지배당하게 되며, 그 결과 자신을 잃어버리게 됩니다. 이런 경우에는 오히려 불행을 향해 나아갈 위험이 있지요.

무사의 마음가짐에 관해 쓴《하가쿠레》라는 책에는 "아무리 도움이 되는 사람도 15년만 지나면 한 명도 남지 않게 된다"라는 구절이 있습니다. 아무리 좋은 평가를 받는 사람도 15년만 지나면 그 이름을 기억하는 사람이 아무도 없을지 모릅니다. 오늘날로 치면 5년, 3년도 안 걸릴지 모릅니다. 게다가 아무리 큰 명예를 손에 넣고, 아무리 많은 돈을 벌어도 저세상으로 가져갈 수는 없습니다.

사실 말은 이렇게 해도 이욕을 버린다는 게 쉬운 일은 아닙니다.

일본 에도 시대 후기의 승려이자 시인인 료칸은 굉장히 고된 수행 끝에 깨달음을 얻었습니다. 하지만 큰 절에 들어가는 일 없이 평생을 작고 허름한 암자에 살며 수행을 계속했고, 결국 깨달음에 대해서도 더 이상 예민하게 굴지 않고 어리석게 살았습니다. '명리'의 '리(利)'가 '이익'만을 의미하는 것이 아니라는 것을 알 수 있습니다.

료칸은 시간에 몸을 맡긴 채 조용히 좌선을 하고, 달을 바라보고, 새소리를 즐기고, 돈이 떨어지면 마을로 내려가 탁발을 했습니다. 그러다 아이들을 만나면 시간 가는 줄 모르고 신나게 놀았습니다. 세상 사람들이 말하는 실리를 추구하는 행동이나 높게 평가받을 만한 행동은 일체 하지 않았지요. "명리에 휘둘려 마음 편할 틈도 없이 평생을 괴롭게 사는 것이야말로 어리석은 일"(《도연초》제38단)임을 익히 잘 알고 있었던 것입니다.

이는 료칸 같은 사람에게나 가능한 일이지 저 같은 사람은 도저히 할 수 없는 일이라고 말하고 싶어집니다. 하지만 한편으로는 '꾸밈없는 본심을 가지고 살 수 있었으면 좋겠다'는 생각도 쉽게 버려지지 않습니다. 요컨대 명리를 완전히 버릴 수는 없지만, 명리에 지배당하고 싶지는 않다는 말입니다.

"명리를 모두 쉰다(名利共休)"라는 말이 있습니다. 명리를 완전히 버리는 것은 우리에게 도저히 불가능한 일일지도 모르지만, 한때나마 명리를 먼저 추구하는 마음을 멈춰 보는 것은 어떨까요? 말하자면 명리를 '보류'해 보는 거죠.

먼저 눈앞에 있는 일과 진지하게 마주하며 명리의 보류를 시도해 보십시오. 명리를 버리지 않더라도 이렇게 일시적으로 보류하는 것 또한 버리는 마음이라고 할 수 있습니다.

행복을 곱씹어 본다
존재하고 있는 것 자체가 행복

사람들은 "살아 있다는 그 자체로 행복해"라는 말을 자주 하지만, 정말로 그렇게까지 생각하는 사람은 그리 많지 않을 것입니다. 항상 무엇인가가 부족하다고 느끼지요. 여러 가지 욕구가 생겨나는 것은 살아 있는 사람에게는 당연한 일이며, 욕구 자체는 사람이 활기차게 인생을 살기 위해 꼭 필요한 것입니다. 다만, 자칫하다가는 끝없는 욕구에 집어삼켜져 자신을 잃어버리게 될 위험성이 있습니다. 즉, 욕은 살아가기 위해 꼭 필요한 것이지만, 너무 커지거나 방향이 잘못되면 인생을 망치는 원흉이 될 수도 있습니다. 그러니 때로는 살아 있다는 것, 그 자체의 행복에 관해 생각해 보는 것도 좋지 않을까요?

중국의 선서(禪書)인 《벽암록》에는 백장회해 선사의 선어가 나옵니다.

한 승려가 백장회해 선사에게 "선(禪)이란 대체 어떻게 고마운 것이고, 선에는 어떤 영험이 있으며, 애초에 진정한 행복이란 무엇입니까?"라고 물었습니다. 그러자 백장회해 선사는 "독좌대웅봉(獨坐大雄峰)"이라고 대답했습니다.

대웅봉은 백장회해 선사가 살았던 절을 둘러싸고 있는 산들을 가리킵니다. 요컨대 선사는 '지금 있는 장소에 홀로 앉아 있는 것이 가장 고맙고 영험이 뚜렷하며 행복한 일'이라고 대답한 것이지요. 저도 가끔 '이 정도로 단순·간결한 경지에 다다를 수 있다면 얼마나 좋을까' 하고 생각하기도 하지만, 사실 이런 경지에 이른다는 게 절대 쉬운 일은 아닙니다.

제가 '절대 쉬운 일이 아닌' 이야기만 계속 하는 것 같아 왠지 미안한 마음이 들기도 합니다. 이런 위대한 선사의 높은 정신을 접하면 갑자기 선이 다가서기 어려운 것으로 느껴지는 분도 있을 것입니다. 저 또한 깨달음을 얻은 것은 아니기에 이런 경지에 도달하기는 어려울 거라고 느낍니다.

하지만 상상력을 조금 발휘해 보면 어떨까요? 그러면 가상일지라도 누구나 '지금 이곳에 내가 존재한다는 그 자체로 행복하다'는 심경을 조금은 느껴볼 수 있지 않을까 싶습니다.

사치가 계속되다 보면 나중에는 무엇을 갖고 누려도 만족감을 느낄 수 없게 됩니다. 결국 감각이 마비되고 포화 상태가 되어서 싫증을 느끼게 되지요. 또 산해진미를 계속 먹다 보면 기름지고 화려한 밥상에 질리게 됩니다. 이럴 때는 물에 만 밥이 먹고 싶어지는 경우도 있는데, 인생도 이렇듯 좀 더 간소하게 살고 싶어지기도 합니다.

사람들은 가끔 일상에서 벗어나 자연의 숨결을 느끼면서 자신이 살아 있음을 실감하곤 하는데, 이럴 때 오히려 현재 자신이 누리고 있는 것에 대해 고마운 마음을 갖기도 합니다. 제 생각에는 바로 이런 것이 "독좌대웅봉"이 아닐까 싶습니다.

또 상상력을 발휘해서 지금 주위에 있는 것들과 사람들이 모두 사라졌다고 생각해 보는 방법도 있습니다. 이런 상상을 통해 지금 이곳에 자신이 존재한다는 사실에 고마워하고, 지금 자신이 얼마나 혜택 받은 환경에서 살고 있는지를 느낀다면 그것이 바로 "독좌대웅봉"이 아닐까 합니다.

다만 인간이란 둘도 없이 소중한 것을 빼앗기지 않는 한은 그런 감정을 절실하게 느끼지 못합니다.

살아서 올려다보는 높은 하늘이여 고추잠자리여

소설가 나쓰메 소세키는 《문》을 완성한 뒤 슈젠지라는 절에서 요양을 했다고 합니다. 그곳에서 피를 토하고 중태에 빠졌던 그는 기적적으로 되살아났다고 하는데, 그때 지금 살아 있는 것이 사실은 특별한 일, 놀라운 일임을 자각했답니다. 한없이 투명하고 높은 하늘, 새빨간 고추잠자리같이 그 전까지는 아무런 감흥이 없었던 것들이 더없이 찬란해 보였던 것입니다. 위의 하이쿠는 이런 깨달음을 얻은 순간을 표현한 것인 듯합니다.

　나쓰메 소세키는 자의식이 매우 강한 사람이었다고 합니다. 하지만 가족과 친구들이 있기에 자신이 살고 있음을 깨달은 것입니다.

　온갖 것들 중에서 가장 큰 부(富),
　그것은 스스로 만족하는 마음이다!

　소박한 즐거움, 우정, 은둔 등에 관한 윤리철학을 창시한 에피쿠로스가 한 말입니다. 요컨대 행복은 물질의 많고 적음으로 측정할 수 있는 것이 아니라는 뜻이지요.
　물질이 너무 많아도, 너무 없어도 행복하다고는 말할 수 없으며, 지금 이곳에 존재하고 있다는 그 자체가 바로 행복입니다.

좀 더 갖고 싶은 마음에 제동을!

탐욕을 버리면 여유를 얻을 수 있다

"그것은 정말로 필요한 것인가?"

무엇인가를 갖고 싶다고 생각할 때 이렇게 자문해 봐도 명확한 답을 내기는 의외로 어려운 법입니다. 꼭 필요하다는 생각에 일단 집어 들기는 했는데, 어쩐지 별로 필요 없을 것 같다는 생각이 들기도 합니다. 그래서 필요 없다고 생각을 바꾸고 내려놓으려고 하니, 역시 없으면 곤란할 것 같기도 합니다.

물건이 넘쳐나는 시대에 물욕을 끊는다는 것은 그렇게 쉬운 일이 아닙니다. '꼭 필요해'라며 이런저런 이유를 만들어 내기도 하고, 그저 갖고 싶다는 이유만으로 필요도 없는 것을 사는 경우도 종종 있을 것입니다.

그저 갖고 싶어서든 필요해서든 그 이유는 마음속이 채워져 있지 않은 데서 시작됩니다. 지금의 상태로는 '마음이 채워지지 않기 때문에' 갖고 싶고, '부족하다고 느끼기 때문에' 필요한 것입니다.

이는 물욕뿐만 아니라 모든 욕에 해당되는 이야기라고 할 수 있습니다.

물건처럼 형태가 있든, 지위나 행복, 운처럼 형태가 없든 오늘날을 살아가는 우리는 '조금 더, 조금 더' 하면서 더 많이, 더 좋게, 더 높이 추구합니다. '부족해', '채워지지 않아'라는 마음을 좀처럼 바꾸지 못하지요.

하지만 앞으로는 그 시작점을 조금만 바꿔 보면 어떨까요?

에도 시대 전기의 승려 스즈키 쇼산은 욕에 관해 다음과 같은 말을 남긴 바 있습니다.

탐욕에서 비롯되는 생각, 무엇 하나 올바른 길인 것이 없다.

탐욕은 강한 욕입니다. 여기에서 생겨나는 생각 중에는 하나도 옳은 것이 없다고 스즈키 쇼산 선사는 단언했습니다. 욕이 강하면 자신의 욕을 채우기 위해 다른 사람을 배신하거나 속이는 등 인간의 도리에 어긋나는 행동을 하게 될 수 있습니다. 그야말로 '올바른 길인 것이 없는' 것이지요.

하지만 이렇게 옳은 것 하나 없는 탐욕을 싹둑 끊어서 버리는 데 대해 반감을 느끼는 사람도 있을지 모릅니다. 욕을 완전히 없애면 무기력해지게 되고 자신을 잃어버리고 말거라는 거죠. 그저 막연하게 살면 욕을 느끼지 않을지도 모르지만, 동시에 기쁨의 감정까지 느끼지 못하게 될 수도 있다는 겁니다. 게다가 '좀 더, 좀 더'라는 생각은 성장욕의 발현이라고도 할 수 있으므로 그것이 개인의 성장, 세상의 발전을 뒷받침한다고 말하는 분도 있을 것입니다. 특히 요즘은 무엇인가를 탐욕스럽게 추구하는 것이 긍정적으로 받아들여지는 시대이기도 합니다.

어쩌면 맞는 말일지도 모르겠습니다. 그리고 젊었을 때는 그래도 좋을 수 있습니다. 다만 40세 이상이 되면 그런 탐욕에 조금은 제동을 거는 게 어떨까요? 인생의 반환점을 넘어가고 있는 40대 이상이라면 그때까지 살면서 온 갖 것들을 손에 넣어 왔을 것입니다. 그런데 그 나이쯤 되면 지난 날 욕심내서 쟁취했던 것들이 의외로 빛바래고 보잘것없게 느껴지기도 하지요. 아직도 갖고 싶고 이루고 싶은 것이 많을지 모르지만, 욕이 계속 팽창되도록 내버려둔다면 마음은 언제까지나 채워지지 않은 채로 남아 있게 될 것입니다.

저는 욕을 그다지 느끼지 않게 되는 것이 인간적으로 퇴보하는 것이라고 생각하지 않습니다. 오히려 욕에 지배당하지 않게 진보하는 것일 수 있습니다. 그리고 지금 가지고 있는 것 이상으로 원하지 않아도 충족감을 느끼고, 새로 손에 넣지 않아도 배고프지 않고 즐겁게 살 수 있는, 진정한 의미에서의 풍요를 얻는 것이라고 생각합니다.

이제 혈기왕성한 젊은이들에게나 어울릴 법한 탐욕은 버리는 게 어떨까요? 그러면 탐욕을 버림으로써 얻게 되는 여유를 통해 새로운 인간적인 매력으로 자신을 채울 수 있게 될 것입니다.

갖고 싶은 것을
손에 넣기 전에 해야 할 일
욕망에 끌려다니지 않는다

정말로 원하는 물건과 그렇지 않은 물건의 경계선을 어디에 그어야 할지 진지하게 고민해 본 적 있으신가요? 경계선을 긋기 위해서는 그것이 무엇이든 기준이 있어야 할 것입니다.

사람이라면 누구나 물질에 관심이 많을 것입니다. 관심이 있는 것은 나쁜 것이 아닙니다. 하지만 무엇은 필요하고 무엇은 필요하지 않다는 기준이 없으면 무분별하게 이것도 갖고 싶고 저것도 갖고 싶어지기 마련이지요. 충동구매를 하는 경우도 많을 것입니다.

그리고 유행이라든가 세상 분위기에 휩쓸려서 구매하는 경우도 의외로 많지 않을까 싶습니다. 사람은 다른 사람과 자신을 비교하기를 좋아합니다. 타인은 갖고 있는데 자신에게는 없는 물건이 있으면 갖고 싶어지는 것이 인간의 심리죠. 그리고 더 좋은 물건이나 새로운 물건을 얻으면 기분이 좋아지기도 하고요. 특히 요즘처럼 많은 정보에 노출된 경우에는 물질에 대한 욕망이 더욱 더 자극을 받기도 합니다.

또 사람은 누구나 하고 싶은 일이 있습니다. 소박하게는 안정적인 직장을 갖고 아름다운 사람과 결혼해 행복한 가정을 꾸리고 사는 것이 목표인 경우도 있습니다. 야심이 많은 사람이 볼 때는 소시민적인 바람일 수도 있지만 본인이 원한다면 그것으로 충분합니다. 또 '정치가가 돼서 국가와 국민을 위해 봉사하고 싶다', '한 회사의 사장이 돼서 크게 성공하고 싶다', '인기 있는 소설가가 되고 싶다' 등의 야심찬 꿈을 꾸는 사람도 있을 겁니다.

야심은 세상을 살아가는 원동력이 됩니다. 특히 젊은 시절에는 야심을 가져야 합니다. 이런 야심도 형태는 없지만 욕망의 한 종류입니다.

어떤 욕망이든 그것을 실현하기 위해서는 노력을 해야 합니다. 그리고 이때 자신에게 부족한 것, 이를테면 교양이나 지식, 경험, 좋은 인간관계 같은 것이 필요하기 마련입니다. 요컨대 인간이 유형, 무형의 욕망을 품는 것은 지극히 자연스러운 일인 것입니다. 다만 욕망에 따라서 행동하더라도 사회의 규범을 지키는 것은 물론, 다른 사람에게 해를 입히는 일은 당연히 하지 말아야 합니다.

불교에서는 욕망을 '갈애(渴愛)'라고 부릅니다. 목이 마르면 애타게 물을 찾듯이 욕망에 끌려다닌다는 뜻입니다. 이런 목마름은 아무리 물을 마셔도 채워지지 않는데, 욕망은 그 감정에 휩쓸려 좀처럼 제동이 걸리지 않고, 오히려 부풀어 오르기 때문이지요.

그러므로 자신이 정말로 원하는 것과 그렇지 않은 것을 구별할 수 있는 판단력을 갖추는 것이 무엇보다 중요합니다. 그리고 그 기본적인 가르침이 '지족(知足)'입니다.

'지족'이라는 말은 '만족할 줄 안다'는 뜻입니다. 지금의 상황이나 상태가 마음에 들지 않더라도 그것으로 만족하라는 의미로 이해할 수 있지요. 이렇게 말하고 보니 매우 소극적인 인내를 강요하는 가르침이라는 느낌이 드는군요. 다만 최근에는 '이대로가 좋아', '더 나빠지지만 않으면 돼', '현재의 상태를 유지할 수 있는 것으로 충분해'라고 생각하는 사람도 많은 걸 보면 '지족'의 의미도 시대에 따라 다르게 받아들여지고 있는 듯합니다.

그러나 사실 '지족'에는 매우 적극적인 의미가 담겨 있으며, 장난기로 가득합니다.

지금 없는 것을 손에 넣으려고 노력하기 전에 여러분이 해야 할 것이 있습니다. 먼저 자신이 가지고 있는 물건의 수를 세어 보는 겁니다. 그리고 자신이 가지고 있는 것에 감사하며 그것을 잘 활용해 보는 겁니다. 지금 가지고 있는 것에 감사하지 않고 그것을 활용하려고 하지 않는 것은 외적으로는 가진 것이 있으나 마음이 가난한 상태이기 때문입니다.

그리고 우리는 타인의 평가에 의해 너무도 쉽게 좌지우지됩니다. 또 경기가 좋으면 기분이 날아갈 듯이 좋아지고, 경기가 나쁘면 기분도 함께 가라앉습니다. 이렇듯 마음은 항상 흔들리고 차분함을 잃기 쉽습니다. 이것은 우리 마음이 무언가에 얽매어 있기 때문입니다. 무엇인가를 할 때 조급해 하면 실패하기 마련입니다. 누구나 아

는 사실이지만 수많은 욕망에 얽매이게 되면 이런 이치
는 까맣게 잊게 되고 말지요.

저희 아버지가 자주 하시던 말씀이 있습니다.

"어떤 일을 할 때는 잠시 뜸을 들여라."

그 이점을 이해하기 위해 먼저 페트병에 담긴 차를 사
서 마시는 대신에 직접 차를 우려서 마시는 습관을 들여
보십시오. 옛날 무사들도 차를 마실 때는 작은 다실에 들
어가 칼을 내려놓고 신분을 잊은 채 차를 즐겼습니다. 물
론 다실에서 은밀한 이야기를 주고받기도 했겠지만, 역
시 잠시나마 속세를 떠나 마음의 여유를 즐기면서 인간
다운 솔직한 마음, 무(無)의 마음으로 회귀하는 것이 중요
하다는 것을 잘 알고 있었던 게 분명합니다.

마음이 고요하고 차분해지면 본래의 마음으로 되돌아
갈 수 있습니다. 그렇게 되면 정말로 원하는 것이 무엇인
지 알 수 있게 되지요. 요컨대 '지족'은 그런 인생의 지혜
를 의미합니다.

버릴 때 비로소 알게 되는 것
정말로 소중하게 여기는 것은 무엇인가?

인간은 조금이라도 좋은 물건이나 값비싼 것에 끌리기
마련입니다. 하지만 그런 것만 추구하면 정작 중요한 것
을 추구하지 못하게 됩니다.

입는 옷도 시계, 반지 같은 액세서리도 전부 명품이고,
고급 외제 승용차를 몇 대씩 보유하고 있으며, 집에 있는
가전제품이나 인테리어 소품 등도 모두 최고급으로 갖추
고 사는 사람이 있습니다. 그는 그러고도 계속 무언가를
손에 넣으려고 했지요. 그 사람이 무엇을 하든 그건 그 사
람의 자유입니다. 다른 사람이 비판할 일은 아니죠. 더구

나 그 사람은 사업을 하고 있고, 그 사업은 매우 순조롭게 굴러가고 있습니다.

주변 사람들은 그를 보면서 '저렇게 살 수 있다면 참 좋겠다' 하고 말하면서도 불쾌해 하기도 했습니다. 그 사람은 다른 사람들 앞에서 자기가 가진 물건들을 자랑하는 일이 많은데, 한번 이야기를 시작하면 도무지 멈출 줄을 모르는 것입니다. 그런 태도는 다른 사람들을 배려하는 행동이 아닙니다. 하지만 그는 그 사실을 깨닫지 못하는 모양입니다.

시샘하는 것인지 모르겠지만, 저는 어느 정도 나이가 들어서도 물건에 대한 집착이 계속 커지는 것은 그 사람 마음속에 채워지지 않는 무언가가 있기 때문이 아닐까 하는 생각이 듭니다. 정신의학 관점에서도 고독하고 외로운 사람은 물건을 구입함으로써 그 외로움을 달래는 경향이 있다고 하는데, 이 또한 부정할 수 없는 말인 듯합니다. 물욕을 채우면 일시적으로나마 마음이 충족되는 듯하겠지만, 시간이 지나면 다시 또 허전한 마음이 들게 됩니다. 자칫하다가는 점점 더 충동적으로 물건을 사게 될 수도 있습니다.

욕(欲)은 정도껏!

욕망의 강에 휩쓸려 손에 넣은 물건을 잃을까 봐
두려워하는 마음은 강기슭에 닿지 못한다.

《힌두 스와라지》에 실린 간디의 말입니다.

부끄러운 얘기지만, 저도 료칸처럼 청빈한 생활을 하고
있지는 못합니다. 아니, 이 나이가 되어서도 물욕이 꽤 있
는 편인 것 같기도 합니다. 책을 좋아하는 저는 읽고 싶거
나 읽어야 할 책이 있으면 거의 다 사서 읽습니다. 도쿄에
갈 때마다 간다 고서점 거리를 빼놓지 않고 찾아가지요.
그러다 보니 다섯 평이나 되는 방이 책으로 넘쳐나고 있
습니다. 이미 책장에는 책 꽂을 공간이 없습니다. 서재에
도 책이 쌓여 있어서 책에 둘러싸여 일을 합니다.

문방구도 상당히 좋아합니다. 특히 새로 나온 물건에
매우 흥미가 많습니다.

최근에는 컴퓨터로 글을 쓰지만, 가끔은 만년필로 원고
를 쓰기도 합니다. 무엇보다 아끼는 만년필은 생일 선물
로 받은 것입니다. 나름 값이 좀 나가는 것이기도 해서 소
중하게 다루고 있습니다.

도쿄나 나고야 쪽에 강연이 잡히는 경우에는 자가용을

이용하는 것이 편하기 때문에 자가용에도 돈을 좀 썼습니다. 나이와 안전성을 생각해서 비교적 큰 차를 타고 있지요.

이렇게 보면 저도 다른 사람의 물욕에 대해 이러쿵저러쿵 말할 자격이 없다는 생각이 듭니다. 변명처럼 제 얘기를 하는 것도 역시 찔리는 데가 있기 때문입니다.

대신 그 밖의 물건에는 거의 흥미가 없습니다. 이는 저의 생활 방식이 만들어낸 자연스러운 결과인지도 모르겠습니다. 나이가 들어 돌이켜보니 젊었을 때는 저 역시 충동구매를 꽤 했던 것 같지만, 나이를 먹어감에 따라 물욕이 방향성 없이 커져가는 데 대해 제동을 걸었습니다.

건방지게 들릴지 모르지만, 앞에서 말한 그 사람은 이런 자기 나름의 가치관이 형성될 수 있는 생활 방식을 갖추지 못한 게 아닐까 하는 생각이 듭니다. 그래서 다른 사람에게 자랑하지 않고는 견디지 못하는 게 아닐까요? 정말로 자신이 원하는 것이라면 다른 사람들이 뭐라고 하든, 어떻게 생각하든 상관없을 테니 말입니다.

저의 물욕을 되돌아보게 해 준 말이 또 있습니다. 제가 30대였을 때 알게 된 말입니다.

에도 시대의 선사로, 살아 있는 부처라는 칭송을 받았던 하쿠인이 그린 서화 중에 '요술망치'라는 것이 있습니다. '요술망치'에는 원하는 물건의 이름을 부르면서 휘두르면 그 물건이 나온다는 전설 속의 망치 그림과 함께 다음과 같은 글귀가 적혀 있습니다.

온갖 보물을
나오게 한다고 한다
거짓말이야
사치에 빠진 머리를 깨부순다네

칠복신 중 하나인 대흑천이 들고 있는 것이 바로 이 요술망치입니다. 대흑천은 부와 상업교역의 신으로 알려져 있는데, 대흑천이 이 요술망치를 휘두르면 원하는 만큼 보물이 쏟아져 나온다고 합니다. 사람이라면 누구나 '이런 게 하나 있으면 얼마나 행복할까' 하는 공상을 하곤 하죠. 그러나 하쿠인은 "이것을 휘두르면 돈이나 금은보화가 쏟아져 나올 거라고 기대하지만, 그것은 터무니없는 착각이다. 물욕이 채워지면 행복해질 거라고 생각하는 그런 오만함을 깨부수는 것이 바로 이 망치다"라고 말하며 사람들을 꾸짖었습니다.

나아가 하쿠인은 우리의 마음에 깨달음을 줍니다.

사람들은 다른 사람과 나를 비교하고, 다른 사람을 부러워하는 습성이 있습니다. 특히 자신의 일이 잘 풀리지 않을 때는 더 그렇습니다. 반대로 어쩌다 운이 좋거나 기대 이상으로 일이 잘 풀리면 교만함에 사로잡혀 긴장감을 잃고 해이해집니다. 그러다보니 잘될 것 같던 일이 결국 실패로 끝나는 경우도 많지요.

이는 곧 항상 자신의 위치를 잊지 말고, 발밑을 조심하고 지금 주어진 일에 최선을 다해 몰두해야 한다는 의미입니다.

여러분이 지금 가지고 있는 것은 정말로 필요한 것일까요? 아니면 가지고 싶은 것일까요? 제 경험을 통해, 그리고 자기반성을 담아서 드리는 말씀입니다만, '언젠가 반드시 쓸 날이 올 거야'라며 쟁여 놨던 것을 나중에 쓸 일은 없다고 해도 과언이 아닙니다. 그리고 다른 욕들처럼 물욕 또한 아무리 채워도 채워지지 않습니다. 그러므로 어떻게 물욕과 마주하느냐가 중요합니다.

자신이 정말로 갖고 싶은 것만 사서 소중하게 오래도록 사용하십시오. 버림으로써 알게 되는 깨끗한 사치도 있는 것입니다.

2

사람 사이는

물과 같이 담백하게

○

군자의 사귐은 담백하기가 물과 같고,
소인의 사귐은 달콤하기가 단술과 같다.

_장자

물처럼 담백한 관계 vs. 단술같이 달콤한 관계

멀지도 가깝지도 않은 거리를 유지한다

장자는 "군자의 사귐은 담백하기가 물과 같고, 소인의 사귐은 달콤하기가 단술과 같다"라고 말했습니다. 유명한 말이므로 들어 보신 적이 있을지도 모르지만, 이 말에 관해 깊게 생각해 본 적이 있으신가요? 저는 이 말에 두 가지 가르침이 담겨 있다고 생각합니다.

첫째는 인간관계를 맺을 때 거리를 어떻게 두는가 하는 것이고, 둘째는 친한 사람과 거리를 어떻게 두는가 하는 것입니다.

이 말의 주된 논지는 '담교(淡交)', 즉 '물과 같이 담백한 사귐'입니다. 이 말을 처음 들었을 때 저는 '장자는 인간관계를 상당히 담백하게 생각했구나'라고 느꼈습니다.

'인간관계가 물처럼 담백해야 한다'는 말은 사람과 사람 사이에서 깊은 신뢰 관계를 쌓기는 매우 어려운 일로, '인간관계는 담백할수록 좋다', 괜히 인간관계가 깊어지면 골치 아픈 일이 생길 수도 있고 배신당해 괴로울 수도 있으니 '얕은 인간관계가 마음 편하고 좋다'는 의미입니다. 여기에는 인간에 대한 불신의 감정이 담겨 있지요. 하지만 친구에게까지 냉담한 사람이라니, 서글프다는 생각을 감출 수가 없었습니다.

그런데 이후에 여러 경험과 지인의 귀중한 충고 등을 통해 제가 이 말의 진정한 의미를 잘못 이해하고 있었다는 것을 깨닫게 되었습니다. 지인이 제게 해 준 말을 들은 후부터였습니다.

"자네는 일단 상대가 마음에 들면 금방 상대를 동지라고 믿어 버리는 측면이 있어. 상대도 자신과 생각이 같을 거라고 덜컥 믿고 본심을 쉽게 털어놓거나 갑자기 중대한 문제를 의논하거나 상대의 말과 행동을 너무 좋은 방향으로만 해석하려고 하는 경향이 있네."

이 말을 듣고 저 자신을 되돌아보니 정말 정확한 지적이었습니다. 저는 한때 믿었던 사람으로부터 배신을 당해 우울하게 지낸 적이 있는데, 지인의 말을 듣고 생각해보니 잘못은 상대에게 있다기보다 사람 보는 눈이 없었던 저 자신에게 있었다는 사실을 깨달았습니다.

장자가 말한 '담교'를 통해 우리가 배울 수 있는 것은 사람을 제대로 파악하려면 어느 정도의 거리와 시간이 필요하다는 것입니다. '이 사람은 신뢰할 수 있어'라는 생각이 들더라도 그대로 빠르게 가까워지지 말고 일단 거리를 두라는 것이지요. 영국 속담인 듯한데, "사람과 사람 사이에 작은 담을 둔다"라는 말이 있습니다. 저는 이 속담을 참고해 이후 어떤 말을 하고 싶을 때 그 말을 해야 할지 말아야 할지 잠시 생각할 시간을 갖는 습관을 들이게 되었습니다.

다른 사람과의 관계에서 나름의 담을 칠 수 있게 되면 상대가 자신의 말을 어떻게 들을지 판단하는 눈도 생기게 됩니다. 그런 습관이 들면 상대를 냉정하게 볼 수 있게 되므로 그 사람의 성질을 좀 더 정확하게 파악할 수 있게 되겠지요.

하지만 이런 저도 조금만 긴장이 풀리면 이 담을 뛰어 넘어 버리는 경우가 종종 있습니다. 상대의 생각을 고려하지 않고 흙발로 상대의 영역을 침범해 버리는 어리석음을 범하는 거지요. 반성, 또 반성합니다.

어쨌거나 상대를 선불리 믿거나 단정하는 것은 금물입니다. 설령 친한 사이라 할지라도 어느 정도의 거리는 유지하는 것이 좋습니다. 이것이 '담교'의 두 번째 가르침입니다. 친한 사이에서도 상대에게 지나치게 기대하게 되면 서로에게 무거운 짐이 될 수 있습니다. 친근함을 넘어 의존도가 높아지면 기껏 쌓아 올렸던 신뢰 관계에 금이 가게 될 수도 있습니다.

'담교'는 사욕이나 손익, 혹은 '너라면 이해해 주겠지' 같은 강요된 생각이나 단정으로부터 신뢰할 수 있는 사람과의 관계를 보호하기 위해서도 필요합니다. 가까운 사이일수록 기찻길처럼 완벽하게 평행선을 유지하기는 어렵겠지만 멀지도 가깝지도 않은 관계를 유지하는 것이 좋습니다.

관점을 바꿔서 보면 결코 '단술'처럼 끈적이지 않고 '물'처럼 담백한 관계이면서도 깊은 신뢰감으로 연결돼 있는 관계야말로 '군자의 사귐'이라고 부르기에 걸맞은 소중한 인간관계가 아닐까요?

'꽤 오랫동안 만나지 못했지만, 그 녀석이라면 지금도 여전히 무언가에 도전하고 있을 거야.'

'다음에 만나면 그동안 내가 이룬 성과를 자랑해야지. 그 녀석의 자랑도 들어 주고 말이야.'

그리 빈번하게 왕래하지는 않더라도 이렇게 항상 서로를 믿고 응원하면서 자극을 주고받을 수 있는 적당한 거리감을 유지할 때 진짜 좋은 관계를 맺을 수 있지 않을까 싶습니다.

대단한 사람보다 안심이 되는 사람

진짜 어른은 마음에 여유가 있다

중국 송나라의 시인인 임화정이 쓴 "암향부동월황혼(暗香浮動月黃昏)"이라는 한시가 있습니다. 평생 독신으로 지낸 임화정은 서호에 있는 고산에 틀어박혀 20년 간 마을에 발을 들이지 않았다고 합니다. 그는 스스로 "매화가 내 아내다"라고 말했을 정도로 매화나무와 학을 가까이 했다는군요.

"암향부동월황혼"은 '황혼이 질 무렵 어디선가 그윽한 매화 향기가 감돌아 하늘을 올려다보니 어느덧 하늘에 달빛이 어려 있다'는 내용의 시입니다.

매화는 겨울의 매서운 추위를 견뎌내고 봉오리를 조금씩 부풀려 작디작은 꽃을 피웁니다. 그리고 매화꽃이 지고 나면 이윽고 겨울이 끝나고 얼마 후 벚꽃이 피기 시작합니다. 매화꽃은 벚꽃처럼 화려하지는 않지만 마치 봄의 전령처럼 핍니다. 자신의 아름다움을 뽐내는 일 없이 그저 피어 있을 뿐이지만, 그 은은한 향기로 사람의 마음을 온화하게 만들고 치유하지요.

임화정의 이 시는 그런 매화꽃처럼 거듭된 수행으로 깨달음을 얻어 충분한 역량을 갖고 있지만 주위 사람들에게는 그런 느낌을 주지 않고, 그저 그곳에 있는 것만으로 사람들의 마음을 온화하게 만들고 치유하는 경지를 노래한 것이라고 합니다.

이런 사람은 사실 대단한 사람임에도 그런 티는 털끝만큼도 내지 않습니다. 하지만 결코 존재감이 옅지는 않아서 그저 그곳에 있는 것만으로도 뭐라 말할 수 없는 존재감을 드러냅니다. 그러면서도 위압감은 느껴지지 않기 때문에 주위 사람들의 마음을 편하게 해줍니다.

좀처럼 만나기 어렵기는 하지만 오늘날에도 이런 사람

은 분명 있을 것입니다. 저 역시 아무 말 하지 않아도 은
은하게 사람들의 마음에 와 닿는 매화꽃 같은 사람이고
싶습니다. 사람들에게 두려움의 대상이 되기보다 흠모의
대상이 되는 편이 정신적으로 훨씬 풍요롭게 살 수 있는
길인 것 같기 때문입니다.

 일본 오이타현에 있는 류겐지라는 절의 주지였으며 제
가 친형처럼 좋아했던 고(故) 마쓰하라 데쓰묘 스님은 후
배들에게 이런 말을 남겼습니다.

 "하이쿠에는 '하나아카리'라는 시구가 있지. 자네들이
 그 하나아카리 같은 사람이 되었으면 좋겠네. 꽃이 한
 송이 있기만 해도 그 방의 분위기가 밝아지지. 이처럼
 그곳에 있기만 해도 주위가 밝아지는 그런 사람이 되
 게나."

 참고로 '하나아카리'는 벚꽃이 활짝 피어서 밤에도 그
주위가 밝게 보이는 현상을 말합니다. 이 말을 들었을 때
제 머릿속에는 바로 임화정의 "암향부동월황혼"이라는
시구가 떠올랐었습니다.

경력이 쌓일수록 사람들에게 대단한 사람으로 인식되고 싶다는 욕구가 강해질지도 모릅니다. 하지만 그 욕구를 조금 억누르고 '훌륭한 사람', '대단한 사람'으로 생각되기보다 함께 있으면 '마음 편해지는 사람', '치유가 되는 사람'이 되고자 하는 것은 어떨까요? 그런 마음이야말로 진짜 어른만이 자아낼 수 있는 마음의 여유가 아닐까합니다.

유연하고 좋은 관계를
오래 지속하는 비결
바람직하다고 여기는 이미지를 버린다

인간관계에도 여러 가지 고정관념이 있을 것입니다. 여러분도 '남편과 아내는 이러해야 한다', '부모와 자식 사이는 이러해야 한다' 등등 각각의 관계에 대해 마음속에 바람직하다고 생각하는 이미지를 지니고 있지는 않으신가요?

중국 송나라의 수산성념이라는 선사는 어느 날 제자에게서 "부처란 무엇입니까?"라는 질문을 받고 이렇게 대답했다고 합니다.

"신부가 나귀를 타면 아가(阿家)가 끄는 것이다."

여기에서 '신부'는 며느리, '아가'는 시어머니를 가리킵니다. 요컨대 며느리가 나귀를 타고 시어머니가 나귀의 고삐를 잡는다는 의미지요. 그렇다면 이 말은 대체 무슨 뜻일까요?

젊은 며느리가 나귀를 타고 늙은 시어머니가 고삐를 잡는 것은 요즘 사람들이 생각하기에도 그다지 보기 좋은 모습은 아닐 겁니다.

그렇다면 왜 그렇게 생각하는 것일까요? '며느리는 시어머니를 공경해야 한다' 혹은 '젊은 사람이 좀 더 나이가 많은 사람을 돌봐야 한다'라는 고정관념이 그렇게 생각하도록 만들지 않았을까요?

하지만 이런 고정관념을 떨쳐내고 보면 이 두 사람이야말로 진정한 신뢰 관계로 맺어져 있다고 볼 수 있습니다. '며느리와 시어머니 사이는 이러해야 한다'라는 이미지를 넘어서는 행동이기 때문입니다. 두 사람 모두 다른 사람들이 어떻게 생각하든 전혀 신경 쓰지 않고 있는 것입니다. 그러다 시어머니가 나귀를 끌다가 지치면 며느리가 시어머니를 나귀에 태우고 대신 고삐를 잡겠지요. 이 관계에는 얽매이거나 구애받지 않는 무심한 마음이 흐르고 있습니다. 부처님은 이와 같이 세상의 눈이나 고정관념에 사로잡히지 않고 자유롭게 행동할 수 있는 마음에 깃드시지요. 이것이 수산성념 선사가 제자에게 전하고 싶었던 말이 아닐까요?

고정관념이라는 것은 언젠가 무너지게 돼 있습니다. 사람 관계에 대한 고정관념도 마찬가지입니다. 지금 '바람직한 이미지'라고 믿는 것도 언젠가 무너지게 되죠.

그런데 다른 사람의 눈이나 고정관념 등 '바람직한 이미지'에 지나치게 얽매이면 주체적으로 살아갈 수 없으며, 상대의 배려도 거부하게 됩니다. 그러니 이런 삶은 자신에게나 다른 사람에게나 큰 손실이라고 할 수 있지 않을까요?

부부 사이에서, 부모와 자식 사이에서, 그리고 친구 사이, 상사와 부하 직원 사이에서 '그 관계는 이러이러해야 한다'라는 생각을 버려 보는 건 어떨까요?

그런 고정관념으로부터 자유로워지면 새롭고 산뜻한

기분으로 상대를 대할 수 있게 될 것입니다. 그리고 사람들을 대할 때 있는 그대로의 자신을 드러내면 됩니다.

결과적으로 수산성념 선사의 가르침에는 유연하고 좋은 관계를 오래 지속하는 비결이 담겨 있다고 할 수 있습니다.

나는 그저 평범한 사람일 뿐!
인간적으로 성숙하기 위해

"봄기운에는 높고 낮음이 없는데, 꽃가지는 저마다 길고 짧음이 있구나"라는 불교의 가르침이 있습니다.

자연계는 실로 다양한 모습으로 존재합니다. 가지가 긴 나무도 있고 짧은 나무도 있으며, 꽃의 빛깔이나 모양도 저마다 다르지요. 하지만 봄은 그 모든 것에 평등하게 찾아옵니다. 각각의 풀과 꽃은 모든 계절의 은혜를 받으며 경쟁하듯 피어나고 열매를 맺지만, 자기만 잘났다고 주장하며 다른 것을 내쫓으려고 하지는 않습니다.

사람도 마찬가지입니다. 겉모습과 성격은 사람마다 다

다르며, 꽃의 가치에 위아래가 없듯이 인간의 가치에도 위아래가 없습니다. 저마다 그 자체로 가치 있는 존재이므로 서로를 존중하며 살아가는 것이 본래의 도리라고 할 수 있을 것입니다.

제가 당연한 말을 한다고 생각할지도 모르지만, 정말 그럴까요? 사람은 항상 '내가 다른 사람보다는 낫다'고 생각하며, 자신의 생각이 가장 옳다고 믿는 경향이 있습니다. 그래서 자신도 모르는 사이에 강하게 자기주장을 하고 싶어 하지요. 자신의 말을 이해해 주지 않으면 상대에 대한 분노나 증오가 솟아나고, 여기에서 수많은 오해가 생겨나 인간관계가 악화되기도 합니다.

저는 자신이 옳다는 믿음을 누그러뜨리고 다른 사람들의 다양한 관점을 좀 더 유연하게 받아들이면 더 가벼운 마음으로 사람들을 사귈 수 있게 될 거라고 생각합니다만, 여러분 생각은 어떠신지요?

일본 31대 천황 요메이 덴토의 둘째 아들인 쇼토쿠 태자는 《헌법 17조》를 만들면서 이런 말을 남겼습니다.

"인간에게는 모두 마음이 있다. 각각의 마음에는 집착이 있다. 그가 옳다고 하면 나는 그르다고 한다. 내가 옳다고 하면 그는 그르다고 한다. 내가 반드시 성인(聖人)은 아니며, 그가 반드시 우인(愚人)은 아니다. 모두 범부(凡夫)일 뿐."

사람은 저마다 각자의 마음이 있으며, 생각도 다양합니다. 따라서 다른 사람이 "옳다"고 말하는 것을 나는 "그르다"고 말하고, 내가 "옳다"고 말하는 것을 다른 사람은 "그르다"고 말하는 일을 우리는 흔히 볼 수 있습니다. 하지만 내가 성인이 아니듯 다른 사람도 우인이 아닙니다. 나도 다른 사람도 그저 범부일 뿐입니다.

우리는 이러한 사실을 인정하고 다른 사람의 의견도 존중할 수 있는 마음을 유지해야 합니다. 그러기 위해서는 요컨대 나는 물론 다른 사람도 역시 옳을 때가 있고 그를 때도 있는 평범한 사람이라고 인식하는 것이 최선입니다.

언젠가 다카키 요시유키라는 작가가 쓴《고마워》라는 책에서 이런 글을 읽은 적이 있습니다.

학교에서 막 돌아왔을 때 어머니가 제게 말씀하셨습니다. "형의 책상을 걸레로 닦다가 어항을 떨어뜨렸지 뭐니. 좀 더 조심했어야 했는데, 엄마 잘못이야."

그러자 형이 말했습니다.

"제가 어항을 구석에 놓아둔 탓이니 제 잘못이에요."

하지만 저는 어제 형이 어항을 책상 구석에 놓을 때 '위험하지 않나?'라고 생각하고도 말하지 않았던 것이 떠올랐습니다. 그래서 제가 잘못했다고 말했습니다.

밤에 일터에서 돌아오신 아버지가 그 이야기를 듣고는 "아니다. 내가 어항을 살 때 둥근 게 아니라 네모난 것을 골랐다면 이런 일도 없었을 것을…. 아빠가 잘못했구나"라고 말씀하셨습니다. 그래서 우리는 다 같이 웃었습니다.

저희 집은 항상 이렇습니다. 저희 집에서는 항상 모두의 잘못인 것입니다.

'정말 이런 가족이 있을까?' 싶은 생각이 듭니다만, '우리 가족도 이랬으면 좋겠다'라고 느낀 사람도 있을 것입니다. 저라면 "왜 그런 실수를 한 거야?"라고 상대를 책망했을 겁니다. 그런 말을 들으면 상대도 화가 나서 "너도 그랬잖아!"라고 되받아치거나 화를 냈겠지요. 결국 서로 불편한 분위기가 되고 말았을 것입니다. 내가 미숙하다면 상대도 역시 그만큼 미숙할 것이라는 반성이 없는 것입니다. 부끄럽기 짝이 없습니다.

인간은 그럴 의지만 있다면 죽기 직전까지 계속 성장할 수 있는 존재입니다. 그러나 그렇게 하려면 자신을 바꾸려는 의지와 그 습관을 지속적으로 유지하려는 인내심이 있어야 합니다. 그러기 위해서는 무슨 일이 일어났을 때 제일 먼저 나서서 "내가 잘못했어"라고 말할 수 있어야 합니다.

'그랬다가는 나만 나쁜 사람 되는 거잖아? 그리고 나만 손해를 볼 수도 있는데, 그건 싫어!'라는 생각이 들지도 모릅니다. 그런데 그것은 자기중심적인 생각입니다. 자신이 먼저 굽히면 상대도 솔직해지기 마련이지요.

자신을 바꾸려는 의지가 없고, 그 습관을 지속적으로 유지하려는 인내심이 없다면 아무리 나이를 먹어도 인간적으로 미숙할 수밖에 없습니다.

그런데 좀 미숙하면 또 어떤가요? 미숙하다는 것을 아

직 성장의 여지가 있다는 증거라고 생각하면 "모두 범부일 뿐"이라고 말한 쇼토쿠 태자의 가르침도 얼마든지 저항감 없이 받아들일 수 있을 것입니다.

살아가면서 경계해야 할 것들
인간관계에 필요한 마음가짐

중국 송나라의 고승인 오조법연은 '법연사계(法演四戒)'라는 네 가지 경계해야 할 것에 대해 남겼습니다. 이 사계는 법연 선사가 태평산 홍국선원의 주지로 부임하게 된 제자 불과극근에게 자기 스스로 경계하라는 의미에서 남긴 가르침입니다.

지금도 그렇지만 '다른 사람들 위에 서서 조직을 원활하게 움직이게 하려면 어떻게 해야 하는가?'라는 주제는 시대를 막론하고 언제나 사람들의 중요한 관심사일 것입니다. 그렇기에 법연 선사는 제자를 아끼는 마음에서 이

사계를 가르쳤을 것입니다.

또한 이 사계는 사실 중요한 직책을 맡은 사람의 마음 가짐에만 적용되는 것이 아닙니다. 부부 사이, 부모와 자식 사이, 친구 사이, 이웃 사이 등 인간관계 전반에 적용해도 좋을 내용입니다.

사계는 먼저 경계할 점을 제시하고 그것을 지키지 않으면 어떻게 되는지 가르쳐 주는 식으로 구성되어 있습니다.

• 법연사계(《대혜무고》)
첫째, 세력을 다 사용해서는 안 된다(勢不可使盡).
둘째, 복을 전부 다 받아서는 안 된다(福不可受盡).
셋째, 규율을 다 행해서는 안 된다(規矩不可行盡).
넷째, 좋은 말이라도 다 해서는 안 된다(好語不可說盡).

그 이유는 이렇습니다.

좋은 말, 전부 말하면 사람은 반드시 그것을 쉽게 여긴다.

규율, 다 행하면 사람은 반드시 그것을 걱정한다.

복, 전부 받으면 반드시 외로워진다.

세력, 전부 다 사용하면 반드시 화가 미친다.

지위를 내려놓는 지혜

법연사계 1. 세력을 다 사용해서는 안 된다

법연사계 중 첫 번째는 '세(勢)'에 관한 것입니다.

'세'는 상대를 지배하는 힘, 권력, 권위을 말합니다. 법연 선사의 가르침은 권력이나 지위가 있다고 해서 그 힘을 마구 휘두르거나 힘을 앞세워 무리하게 강요하지 말라는 것입니다. 요컨대 힘이 있는 사람일수록 그 힘을 억제하라는 의미입니다.

그리고 만약 그 힘을 지나치게 사용하면 상대방의 원망을 살 수도 있고, 조롱이나 멸시와 같은 보복을 당하게 된다는 것입니다.

40대, 50대 정도가 되면 조직에서 그 수가 많든 적든 부하를 거느리는 위치에 오르게 되는데, 많은 분들이 다른 사람을 지도하거나 이끄는 데 대해 어려움을 통감하는 듯합니다.

요즘 젊은 세대는 초식 동물처럼 온순하고 섬세하며 연애에도 소극적이라 하여 '초식계'라 불리기도 하고, 욕망 없는 세대라 하여 '달관 세대'라고 불리기도 한답니다. '초식계', '달관 세대'라는 말에서도 느껴지듯이 요즘 청년다운 적극성이 느껴지지 않는, 어딘가 달관한 것처럼 보이는 젊은이들이 늘어나고 있는 모양입니다.

그나마 지금 40대, 50대인 사람들은 경제적으로 성장기, 호황기를 직·간접적으로라도 경험해봤을 겁니다. 물론 거품이 빠지고 허리띠를 졸라매야 했던 시절도 경험했겠지만, 그런 시대를 전혀 알지 못하고 자란 세대와는 역시 온도 차가 느껴지기 마련이지요.

이런 젊은 세대들 앞에서 "내가 젊었을 때는…" 하며 훈계한들 반응이 있을 리 없습니다. 열심히 말하면 말할수록 자신의 온도는 높아지지만 상대의 온도는 내려갈 뿐입니다. 온도 차이는 좀처럼 좁혀지질 않고, 오히려 '왜

이렇게 의욕이 없는 거야!', '요즘 친구들은 패기가 없어!'
라는 생각에 짜증만 더 날지도 모릅니다.

  사람은 지위나 권력을 가지면 자기도 모르게 자신보
다 낮은 위치에 있는 사람이 자신에게 복종하기를 바라
기 마련입니다. 이런 마음은 '부하를 잘 통솔해서 실적을
높이고 싶다'는, 어쩌면 일하는 사람으로서 당연히 갖게
되는 동기에 따른 행동일지도 모릅니다. 혹은 지금까지
의 경험에 의거해 '내가 하는 말은 절대적으로 옳다'라는
자신감 때문일지도 모릅니다. 하지만 이런 발상이나 행
동이 상대의 의욕을 꺾는다거나 상대가 지겹게 느낀다
면, 심지어 원망을 사게 되면 상대로부터 조롱을 당하거
나 멸시당하는 등 본말이 전도될 수도 있습니다. 이런 상
황에서는 결코 조직이 제대로 기능하지 못하게 됩니다.
  저도 작은 문화홀의 관장으로서 십여 명의 '부하'를 거
느린 몸입니다. 그들은 대부분 20대, 30대 젊은이들이고,
70대인 저와는 다른 점이 많습니다. 그런데 설령 제게 불
만이 있을지라도 그들에게 불만을 늘어놓은들 소용이 없
습니다. 또 억지로 제 말을 듣게 한들 그들은 진심으로 따

르지 않을 것입니다. 이렇듯 그들에게 어떻게 지시를 해야 할지, 언제 엄하게 대하고 언제 부드럽게 대해야 할지 저도 늘 혼란스럽습니다. 하지만 그 상태로는 저의 신념을 전할 수 없으며, 판단도 느려집니다. 먼저 저 자신을 차분하게 진정시켜야 하지요.

이런 경험들을 통해 저는 최종적인 결론을 내리기까지 상사라는 지위를 내려놓는 것이 매우 중요하다는 사실을 깨달았습니다. 그 후 저는 우선 마음의 여유를 갖고, 윗사람으로서 강압적으로 억누르거나 무작정 안 된다고 말하지 않으며, 상대가 하고 싶은 말이 있으면 언제라도 귀 기울이려고 노력합니다. 그러면 틀림없이 서로의 체온을 전할 수 있게 됩니다.

저는 법연 선사의 사계 중 적어도 이 자세만큼은 꼭 지켜 나가고 싶습니다.

이나 부처님의 가호, 그리고 좋은 인연 덕택입니다. 이렇게 말하면 "신이나 부처가 존재해?"라고 묻는 분도 있겠지요. 하지만 그런 진실을 알게 되는 날이 반드시 옵니다. 진실을 알게 되면 감사하는 마음을 느끼고, 혼자서 복을 다 받는 것이 아니라 다른 사람들과 나누자는 마음을 가져야 합니다. 그러지 않으면 결국 고립될 것입니다. 진정한 삶의 즐거움을 손에 넣지 못할 것입니다.

여러분이 누리는 복도 시대의 끊임없는 변화의 물결, 무상(無常)의 진리로부터 벗어날 수는 없습니다. 그러므로 이 행복이 언제 끝날지 알 수 없지요. 물론 행복이 계속되게 하기 위해 노력해야 합니다만, 자신의 힘으로는 어떻게 할 수 없는 일이 반드시 일어나게 돼 있습니다. 그러니 언제라도 당장 버릴 수 있다는 마음가짐으로 살아가십시오.

그런데 '복'이라고 하면 원했던 바가 이루어지고, 원하는 물건을 살 수 있는 돈이 있고, 호화로운 생활을 할 수 있을 정도로 많은 것을 갖는 것, 즉 풍요와 행복을 말한다고 생각하는 사람이 많을 겁니다. "물질적인 건 없어도 돼"라고 말하는 사람들을 보면 가난한 사람의 질투, 비뚤어진 심보라고 말하기도 합니다.

《불법(佛法)이 가득한 보물창고》의 저자이기도 한 야마다 무몬 선사는 복에 관해 매우 암시하는 바가 많은 이야기를 했습니다.

선사는 '복(福)'이라는 한자는 '보일 시(示)' 변에 '한 일(一)', '입 구(口)', '밭 전(田)' 자로 구성되어 있다고 하면서 '일구(一口)'는 '한 사람의 입'이라는 뜻으로, 한 사람이 먹고살 수 있을 만큼의 논을 얻는 것이 '복'이요, 오늘 하루를 먹고살 수 있는 것이 '부(富)'이므로 오늘을 살 수 있다는 데 대해 감사하는 것이 중요하다고 했습니다.

아무리 돈이 많아도 만족할 줄 모르는 사람이 가장 가난한 사람이며, '아무것도 없어도 괜찮다', '부처님 덕분이다'라는 생각으로 즐겁게 사는 사람이 가장 부유한 사람이라는 것이지요.

하지만 야마다 무몬 선사에게는 미안한 말이지만, 선사의 말을 실천하는 것이 제게는 어려운 일인 듯합니다. 저는 그런 청빈한 생활을 할 수 있을 것 같지가 않습니다.

영화 '라임라이트'에서 찰리 채플린이 연기한 늙은 코

미디언은 실의에 빠진 무용수에게 이렇게 말합니다.

"인생은 아무리 괴로운 일이 있더라도 살아갈 가치가 있어. 그러려면 세 가지가 필요해. 용기, 상상력, 그리고 약간의 돈 말이야."

세상을 살아가기 위해서는 어느 정도의 돈이 필요합니다. 없으면 마음이 불안해지고 다른 사람들에게도 폐를 끼치게 되지요. '복(福)'이라는 한자의 '일(一)' 자는 자신이라는 한 명의 인간을 뜻합니다. '구(口)' 자는 먹는 입과 마음의 입을 뜻합니다. 마음에도 영양이 필요하지요. '전(田)' 자는 몸과 마음의 밭입니다. 사람은 날 때부터 능력이나 체력이 각기 다 다르지만 '마음의 능력'은 본래 누구나 평등하게 지니고 있으며, 얼마든지 갈고닦을 수 있습니다. 마음의 능력이란, '꾸준히 계속한다', '꾹 참는다', '새로운 것에 도전한다', '일어설 용기를 낸다', '겸손해진다', '타인을 배려한다', '타인의 행복도 슬픔도 함께한다' 같은 것을 말합니다.

이렇게 한없이 풍부한 마음의 자원을 감사히 여기며 살아갈 수 있는 사람이야말로 진짜로 복이 있는 사람이 아닐까요?

세상에는 밖으로부터 얻는 복만 있는 것이 아닙니다. 갈고닦음으로써 없어지지 않는 복이 있다는 사실을 잊지 마십시오.

사람 사이는 물과 같이 담백하게

반감을 사지 않고 상대에게
마음을 전하는 법
법연사계 3. 규율을 다 행해서는 안 된다

'규구(規矩)'라는 한자는 규율 또는 규칙을 의미합니다. 이를 '다 행해서는 안 된다'라는 말은 곧 '규칙이나 규율을 타인에게 너무 강요하는 것은 삼가도록' 한다는 뜻입니다. 규율이나 규칙을 지나치게 강요하면 주변에 사람이 머물지 않으며, 결국 다 떠나 버린다는 것입니다.

사람은 나이를 먹으면 자기도 모르게 자신의 잣대만으로 타인을 평가하고, 때로는 자신이 정해놓은 규칙을 강요하며, 그것을 따르지 않으면 심하게 질책하는 경향이 있습니다. 또 상대를 위한다는 명목으로 그 사람이 실수하거나 실패한 것을 하나하나 거론하면서 세세하게 주의를 주기도 합니다. 저의 말에 속이 뜨끔한 분들도 있을 것입니다.

자신이 정해놓은 규칙이 옳다고 믿고 강요하는 것도, 다른 사람을 일일이 질책하는 것도 경험 많은 사람이 빠지기 쉬운 폐단이라고 할 수 있을 것입니다. 그 자부심이 원인이 되기 때문입니다. 하지만 그런 경우에 잊기 쉬운 것이 있습니다. 자신 또한 같은 길을 걸어왔다는 사실 말이지요. 자신도 과거에는 실패를 거듭했고, 그 실패를 통해 배우고 성장해 왔다는 사실을 잊는 것입니다. 즉, 실수나 실패를 하는 것은 자연스러운 일인데, 이미 삶의 자세나 노하우가 확립된 '지금의 자신'을 잣대로 이 당연한 사실을 간과하고 마는 것입니다.

당신의 질책이나 잔소리가 아무리 논리적이고 이치에 맞는 말이라 해도 도가 지나치면 상대는 반감을 느끼게 됩니다. 그 반감은 불신과 불충(不忠)으로 이어지고, 그 결과 의욕을 잃거나 여러분 곁을 떠나는 사람이 늘어날 수도 있습니다. 사람이 떠나 버리면 조직은 유지되지 못합니다. 그러다 사람들이 떠난 뒤에 그 사실을 깨닫는 경우가 많지요. 그러나 이미 엎질러진 물입니다.

이 세상에 완벽한 사람은 없습니다. 아니, 지금의 자신도 애초에는 완벽했다고 말할 수 없을 것입니다.

주위 사람들의 행동은 여러분 자신의 평소 행동이 어떠한지 알려주는 거울이라고 할 수 있습니다. 그러므로 다른 사람을 질책하거나 잔소리를 할 때는 먼저 상대에게 요구하는 것을 여러분 자신이 실제로 하고 있는지, 상대에게 항상 모범을 보이고 있는지 생각해 보면 좋을 것입니다.

법연 선사와 관련된 또 다른 이야기를 하나 들려드릴까 합니다.

어느 날 밤 법연 선사가 세 명의 제자와 함께 길을 가고 있는데, 갑자기 바람이 불어와 손에 들고 있던 초롱불이 꺼졌습니다. 그때 법연 선사는 제자들에게 "어떻게 할 것인가?" 하고 물었습니다.

제자들은 각각 의견을 내놓았고, 법연 선사는 그중 불과원오의 대답이 마음에 들었습니다. 불과원오는 "간각하(看脚下)"라고 답했습니다.

'발치를 잘 보라'라는 뜻의 "간각하"는 선어로는 '자신이 지금 어떤 모습인지 바라보라'는 의미입니다. 이 "간각하"를 마음에 새기면서 살아가면 어떨까요? 그러면 자신 또한 불완전하며 계속 발전하고 있는 존재임을 깨닫게 되어 분노의 칼끝도 무뎌지지 않을까요?

그러면 '꾸짖더라도 너무 심하게 꾸짖지는 않는', '적당히 안배할 수 있는' 여유가 생깁니다. 꾸짖기는 하되 너무 심하게 꾸짖지 말고 온정도 베풀어 보십시오. 사람은 누구나 상처받기 쉬우며, 각자가 다 다른 성품을 지니고 있기 때문입니다. 그러니 사람에 따라 꾸짖는 방법을 바꿔보는 것도 좋을 것입니다.

이런 자세를 갖는다면 여러분이 질책하거나 잔소리를 하는 참뜻이 상대의 마음에 확실하게 전해질 것입니다.

진정 의미 있는 커뮤니케이션의 조건
법연사계 4. 좋은 말이라도 다 해서는 안 된다

아무리 상대에게 도움이 되는 내용이라 해도 너무 말을 많이 해서는 안 되며, 너무 말을 많이 하면 오히려 그 말의 참뜻이나 마음이 상대에게 전해지지 않게 됩니다.

말은 커뮤니케이션의 도구입니다. 당연한 사실이지만 이 점을 잊고 있는 사람이 많은 듯합니다. 커뮤니케이션은 쌍방의 마음과 생각이 교류할 때 비로소 성립됩니다. 말은 어디까지나 이런 교류를 위한 매체일 뿐이지요. 그런데 상대의 마음이나 생각은 안중에도 없이 자신이 하고 싶은 말만 하는 경우가 많습니다. 이렇게 하는 말이라면 벽을 향해 말하는 것과 무엇이 다르겠습니까? 상대를 벽 취급한다면 상대도 불쾌할 수밖에 없습니다.

요컨대 진정으로 상대와 서로 이해하기 위해서는 말수를 조절할 필요가 있습니다. 자신이 하고 싶은 말만 주저리주저리 길게 늘어놓을수록 상대는 그 '따발총 공격'에 질려서 입을 다물게 됩니다. 그리고 말을 하는 사람도 자신이 전하고자 하는 진짜 의미에서 점점 멀어져 버리게 됩니다. 결국 말하는 사람만 만족하고, 상대가 자신의 말을 이해했으리라고 믿게 되는 거죠. 상대는 '두 번 다시 이 사람하고는 이야기하고 싶지 않아. 얼굴도 보기 싫어'라고 생각하고 있을지도 모르는데 말입니다.

저 역시 저도 모르게 말이 너무 많아질 때가 있습니다. '내 생각을 이해해 줬으면 좋겠어'라는 생각이 앞선 나머지 하고 싶은 말을 100퍼센트도 아니고 120퍼센트 해 버리고는 하지요. 하지만 작고 사소한 것까지 너무 시시콜콜 말해 버리면 상대의 의욕이나 상상력도 반감되기 마련입니다.

한자어에는 '기미(幾微)'라는 말이 있습니다. 어떤 일을 알아차릴 수 있는 눈치나 분위기를 말하죠. 말이란 참으로 신기해서 입 밖으로 내지 않을 때 더 잘 전달되는 경우가 있는데, 이런 경우 '기미'가 작용하는 것입니다. 문학 등에서는 '행간'이라고도 부르지요. 상대에게 그런 말의 기미가 전해지고 상대가 행간을 읽어내도록 '말을 버려보는 것은 어떨까요?

말을 버리면 상대와 교류하기 위한 절묘한 간격이 만들어집니다. 상대를 바라보면서 상대가 어떤 표정을 짓고 있는지, 뭔가 하고 싶은 말이 있지는 않은지 살피고, 때로는 반론할 여지까지 남길 때 비로소 진정으로 의미 있는 커뮤니케이션이 성립합니다. 하고 싶은 말이 산더미처럼 많을지라도 그것을 전부 쏟아내며 상대를 몰아붙이지는 마십시오. 저도 경험을 통해 안 사실입니다만 말을 버림으로써 전해지는 것은 생각보다 많습니다.

흔히 나이를 먹으면 완고해진다고들 합니다. 자신의 생각에 집착하면서 타인의 말을 듣지 않게 되기 때문이겠지요. 나이가 들더라도 그런 식으로 자신의 생각에 집착하지 않고 언제까지나 마음과 생각을 유연하게 유지하기 위해서라도 말을 버리는 생활을 실천해보면 어떨까 합니다.

　사람을 얻는 힘은 이런 유연함을 통해서 커지는 것이
아닐까요?

싫어하는 사람과는 어떤
인간관계를 맺어야 하는가?
사람은 누구나 다른 누군가의 소중한 존재

중국 수나라의 승려이며 선종의 삼조(三祖)인 승찬 선사가 지은 《신심명》에는 "지도무난 유혐간택(至道無難 唯嫌揀擇)"이라는 말이 나옵니다. '간택'은 '자신이 좋아하는 것을 택한다'는 뜻입니다. 요컨대 '좋고 싫은 것만 없다면 도(道)는 어렵지 않다'는 의미로 받아들일 수 있을 것입니다.

지극히 단순한 가르침이라고 할 수 있지만, 그럼에도 좋고 싫은 감정을 제어하는 것은 좀처럼 쉽지 않은 것이 사실입니다. 특히 사람에 대한 호불호의 감정은 참으로 골치 아픈 문제지요. 싫은 음식은 안 먹으면 되고 싫은 일은 안 하면 그만이지만, 거미줄처럼 얽혀 있는 인간관계는 그렇게 쉽게 정리되지 않습니다. 모임 같은 데 나갔다가 싫어하는 사람과 얼굴을 마주할 수밖에 없게 되어 기분이 우울해졌던 경험은 누구에게나 있을 것입니다.

게다가 싫어하는 사람 때문에 자신의 마음이 어지러워진다는 사실 또한 불쾌한 일입니다. '싫다'는 감정이 생기면, 그 감정이 생기는 순간 필요 이상으로 그 사람에게 신경을 쓰게 되지요. 싫어하는 사람이 자기 마음속으로 침입해 들어오는 것입니다. 사실 전혀 관심이 없으면 '싫다'는 감정도 생겨날 일이 없습니다. 그래서 "싫다는 감정도 좋아하는 감정의 일부"라는 말이 있기도 합니다만, '싫은 건 싫은' 경우가 대부분일 것입니다.

그러므로 가능하면 싫은 사람의 존재 따위 신경 쓰지 않고, 나아가 '싫다'고도 느끼지 않고 평온한 마음으로 사는 것이 바람직합니다.

그렇다면 싫은 사람과도 적당히 인간관계를 유지하며 살기 위한 비결이 있을까요?

저는 아무리 싫은 상대라도 그 사람을 소중하게 여기

는 사람이나 그 사람이 소중하게 생각하는 사람이 있을 거라고 상상해 봅니다. 이는 제가 실제로 경험해 보고 터득한 방법입니다. 부끄러운 이야기입니다만, 사실 저도 사람에 대한 호불호가 심한 편입니다. 그런데 어느 날, 제가 싫어하는 사람이 그 사람의 아이와 장난을 치는 모습을 보게 되었습니다. 그때 저는 '아, 저 사람에게도 사랑하는 자녀가 있구나'라고 생각했습니다. 그 생각은 이어서 '당연히 저 사람을 사랑하는 부모도 있겠지', '아이가 있는 것을 보니 둘도 없이 소중한 아내도 있겠네'라며 그 사람을 둘러싸고 있는 환경으로 생각이 넓어졌습니다.

물론 그렇다고 해서 그 사람을 싫어하는 감정이 사라진 것은 아닙니다. 억지로 좋아할 수는 없는 노릇이지요. 다만 '저 사람도 인간이지', '같은 인간으로서 인사 정도는 하자', '최소한의 예의는 지키도록 하자'라고 결심하고 제가 먼저 인사를 하게 되었습니다. 그랬더니 '저 사람이 싫어'라는 감정에 지배당하지 않게 되고 마음이 편해지더군요. 이 경험을 통해 제가 깨달은 것은, 싫어하는 사람에게 휘둘리기에 앞서 저 자신의 '싫다'는 감정에 휘둘리고 있었다는 사실입니다.

사람은 누구나 다른 누군가의 소중한 존재입니다. 그러니 '싫다'는 감정에 휘둘릴 것 같을 때는 상상력을 조금 발휘해 보면 어떨까요? '그 사람에게도 부모가 있겠지', '친구도 있을 거야', '어쩌면 아내도 있을지 몰라', '그 사람을 누구보다 믿고 따르는 아이도 있겠지?' 같은 상상을 해보는 겁니다. 그러면 적어도 싫다는 감정이 앞선 나머지 예의를 잊어 자신의 품위까지 떨어뜨리는 일은 피할 수 있을 것입니다.

3

어디에도 머물지 않는

마음으로 산다

○

무의미하게 보내는 나날 또한 즐겁지 아니한가
꽃구경만 하면서 살 수는 없는 세상이니

_오타 난보

논리는 잠시 옆으로 미뤄 둔다

'무(無)'의 마음으로 살아간다

어떤 일을 생각할 때 우리는 보통 그때까지 익힌 지식이나 경험을 근거로 논리나 이론을 구성합니다. 그리고 그것이 옳다고 판단하면서 일을 진행해 나가지요.

하지만 논리적으로 아무리 옳은 것일지라도 그것이 항상 통한다는 보장은 없습니다. 이를테면 회의를 할 때 상사가 하는 말이 틀렸다고 판단되더라도 그 자리의 분위기상 자신의 의견을 솔직하게 말할 수 없었던 적도 있었을 것입니다. 자신의 이해득실이 얽혀 있으면 오류를 지적하기를 주저하게 되기도 하지요.

이론상으로 이상적인 기획이 완성되었더라도 그것을 만드는 현장에서는 "이건 불가능해", "이게 될 리가 있어?"라며 쉽게 수긍하지 않는 경우도 있습니다.

그때까지의 경험이나 이론만으로는 새롭게, 창조적으로 발상하기가 어려운 법입니다. "이건 불가능해요"라며 해 보기도 전에 포기해 버리곤 하지요. 하지만 그래서는 어떤 것도 새로 만들 수 없으며 진보할 수도 없습니다.

한 사찰에서 스승이 제자에게 고래로 음식을 만들라는 과제를 주었습니다. 제자는 깜짝 놀라 눈을 껌뻑였습니다. 그리고 하루 종일 끙끙거리며 고민하다가 결국 답을 찾지 못하고 스승을 찾아갔습니다.

제자가 스승에게 말했습니다.

"고래로 사찰 음식을 만든다는 게 가능하기는 합니까?"

그러자 스승은 크게 웃으며 말했습니다.

"고래를 팔아서 채소와 두부를 사면 되지 않느냐? 네가 고래 고기를 포기하지 못하니까 불가능하다고 생각하는 것이니라."

이 스승의 발상이 기상천외하다고 생각하시나요? '고래 고기는 사찰 음식의 재료로 쓸 수 없다. 그러므로 사찰 음식을 만들기는 불가능하다'는 논리에 얽매어 있는 한 이런 역발상은 나올 수 없습니다.

혼다의 창업자인 혼다 소이치로는 발명을 하는 데 있어서 "자신의 학식이나 경험은 오히려 방해가 된다. 그것을 잊어버려라. '무'의 마음이 되는 것이 중요하다. 인생도 마찬가지다"라고 말했습니다. 선입견이나 고정관념에 얽매이면 논리의 속박에서 벗어날 수 없습니다. 창조를 하거나 새로운 발상을 하기가 어렵습니다. 지금까지의 사고방식을 버리거나, 그게 어렵다면 잠시나마 옆으로 제쳐 놓는 수밖에 없을 것입니다.

《신심명》에는 "비사량처 식정난측(非思量處 識情難測)"이라는 말이 있습니다. '자신의 사고방식이나 논리를 초월할 때 헤아릴 수 없을 만큼 훌륭한 발상이나 활동이 탄생한다'는 의미입니다. 그렇다면 지금까지의 사고방식을 버리면 된다는 논리가 됩니다만, 이를 논리인 채로, 관념인 채로 내버려둬서는 의미가 없습니다. 항상 마음을 유연하게, '무'로 만들기 위해 궁리할 필요가 있습니다.

저는 무언가 저 나름대로 새로운 발상을 할 필요가 있을 때는 가족과 평범한 대화를 나누곤 합니다. 전혀 다른 차원의 일에 몰두하기도 합니다. 또한 "무"라는 말을 되뇌면서 30분 정도 산책을 하지요. 그러면 어느덧 머릿속이 개운해집니다.

'놀라운 발상을 하고 싶어', '빨리 해야 하는데…', '시간을 낭비하고 싶지 않아'라며 초조해 하면 마음이 경직됩니다. 이럴 때는 오히려 '무용지용(無用之用)'을 떠올려 보시기 바랍니다. 쓸모가 없는 가운데서도 쓸모가 있는 경우도 있기 마련이니까요.

'적당히'의 미덕

흑백을 가리지 않는 나무늘보처럼

'적당주의자'라고 하면 업무나 어떤 일을 철저하게 하지
않는 사람을 의미합니다. 이런 사람에게는 '불성실하다'
는 딱지가 붙기 마련이지요. 그런데 문득 이런 의문이 들
었습니다. '무슨 일이든 다 철저하게 해야 하는 걸까?' 상
식적으로 생각해 보면 그럴지도 모릅니다. 다만 성실하
게 일하는 것이 언제나 바람직하다고는 단언할 수 없다
는 생각이 듭니다.

"양망(兩忘)"이라는 선어가 있습니다. '사물을 둘로 나
누는 데 집착하지 말고 잊어버리자'라는 의미지요. 우리

는 매사를 '선과 악', '성공과 실패', '완전과 불완전' 식으로 나눠서 생각합니다. 그리고 서로 대비되는 두 가치 사이에 선을 긋고 어느 한쪽으로 치우치는 경향이 있지요.

5세기경 인도의 승려 상가세나가 편찬한 《백유경》에는 이런 이야기가 나옵니다.

한 사내가 아는 사람에게 초대를 받아 함께 식사를 하게 되었는데, 음식이 조금 싱거웠습니다. 그래서 "요리가 싱겁네요"라고 말하자 집주인이 음식에 소금을 조금 뿌려 줬습니다. 그랬더니 요리가 너무나 맛있어졌습니다. 맛있어진 요리를 먹으면서 사내는 생각했습니다. '소금을 조금 넣었을 뿐인데 요리가 이렇게 맛있어지다니! 소금을 더 많이 넣는다면 대체 얼마나 맛있어질까?' 그 뒤로 사내는 매일 요리에 소금을 잔뜩 넣어 먹다가 결국 병에 걸리고 말았다고 합니다.

굉장히 한심한 사내라고 생각했을지 모릅니다. 하지만 이 이야기는 비단 소금에 한하지 않습니다. 무엇이든 모자라도 좋지 않고 반대로 너무 지나쳐도 좋지 않다는 것을 단적으로 보여 줍니다.

'적당'이라는 말은 넘치지도 모자라지도 않은, 딱 알맞은 상태를 의미합니다. 가령 "목욕물의 온도가 딱 적당하군"이라고 말할 때의 '적당'은 '딱 좋다'는 의미지요. 그런데 한편으로 "청소를 뭐 이리 적당히 했어?"라고 말할 때의 '적당'은 좋지 않은 의미로 사용된 경우입니다. 같은 말이라도 어떻게 사용하느냐에 따라 그 의미가 달라지는 것인데, 이렇게 같은 단어를 여러 의미로 사용하는 것을 보면 사람들은 역시 흑백을 가리고 싶어 하는 경향이 있는 듯합니다.

나무늘보라는 동물이 있습니다. 나무늘보는 거의 하루 종일 움직이지 않는다고 합니다. 저는 아무런 무기도 지니지 않은 이 동물이 약육강식의 세상에서 어떻게 살아남을 수 있었는지 줄곧 신기하게 생각해 왔는데, 엔가쿠지라는 사찰의 관장인 요코타 난레이 선사가 그 의문에 답을 해주었습니다.

그것은 나무늘보가 '싸우지 않는다', '다투지 않는다'는 삶의 방식을 선택했기 때문이라고 말이지요. 반면에 인간은 끊임없이 죽고 죽이기를 반복했고, 그 결과 이 지구를 이렇게 더럽혀 왔다고 덧붙였습니다.

조금 신랄한 대답입니다만, 분명 현대 문명의 관점에서 바라보면 나무늘보는 쓸모없는 존재입니다. 하지만 이것은 동시에 인간의 시각이 얼마나 편협한지를 보여주기도 합니다. 나무늘보는 대지를 더럽히지도 않고 다른 누군가에게 해를 끼치지도 않으면서 살아 왔습니다. 그렇게 생각하면 무엇도 거스르지 않고 적도 없는 나무늘보는 미워할 수 없는 동물인 것이지요.

요코타 난레이 선사의 말은 그 밖에도 매우 재미있는 깨달음을 줍니다. 우리는 성실하다거나 불성실하다는 판단을 쉽게 해버리지만 지구적인 시야, 우주적인 시야에서 보면 성실하게 일을 하면 할수록 환경이나 지구에 해를 끼치게 되므로 사실은 불성실한 일을 하고 있는지도 모릅니다.

같은 관점에서 생각하면 나무늘보는 불성실한 듯 보이지만 사실은 성실하다고도 할 수 있지요. 그런 측면에서 나무늘보는 성실하다거나 불성실하다거나 하는 세계를 초월해 살아가고 있다고 말할 수 있지 않을까요?

우리도 나무늘보처럼 사물을 둘로 나누는 데 집착하지 않는 자세로 살아가면 어떨까 합니다.

무의미하게 보내는 나날 또한 즐겁지 아니한가
꽃구경만 하면서 살 수는 없는 세상이니

에도 시대의 풍자시인으로 해학 넘치는 삶을 살았던 오타 난보가 쓴 시입니다. 오타 난보는 무려 74세 때까지 관직에 있었습니다.

사람은 따분한 일도 해야만 먹고살 수 있습니다. 하지만 성실하게만 일해서는 스트레스가 쌓이기도 하지요. 때로는 바보처럼 따분한 일을 '따분하다', '따분하지 않다' 분별하지 않고 하는 것도 좋지 않을까요?

매사에 완벽을 추구하고, 그렇게 해야 직성이 풀리는 사람은 자신의 업무를 처리할 때도 완벽이나 효율을 추구합니다. 그러나 이 때문에 잃는 것도 많고, 다른 사람에게 피해를 끼치기도 하지요. 그런 사람은 조금 적당히 한다는 마음가짐으로 일하면 어떨까요? 그렇게 하면 오히려 일의 성과도 높일 수 있지 않을까요? 그리고 다른 사람에게도 친절하게 대하게 되지 않을까요?

'이렇게 대충 해도 되는 걸까?' 하는 불안감이 들지도 모르지만, 지금까지 쌓아 온 실적과 경력이 있지 않습니까? 오히려 생각지도 못했던 깨달음을 얻을 수도 있을 것입니다.

저도 성실하다거나 불성실하다거나 하는 세계를 초월해 전과는 조금 다른 방식으로 살고 싶습니다. 그러면 조금 더 느긋하고 여유로운 마음으로 살아갈 수 있지 않을까요?

괴로움은 와인을 맛보듯
쓴 것도 맛보는 마음의 여유

업무가 많고 바쁠 때면 '열심히 해야 해'라며 힘을 주게 됩니다. 마음도 점점 무거워지고 몸도 괴로워지지요. 한편으로 '빨리 끝내고 편해지고 싶어'라는 마음도 고개를 듭니다. 그렇게 되면 일을 즐긴다는 생각은 아예 하기 어렵고 마음이 무거워지기 마련입니다.

저 역시 이 나이가 되어서도 일이 힘들어지면 여지없이 이런 패턴에 빠지곤 합니다. 다만 그런 심경에서 조금이나마 빠져나올 방법을 두 가지 찾아냈습니다.

첫 번째 방법은 중국 당나라 말기의 인물로 선종 종파

중 하나인 임제종을 처음 연 임제 선사의 "괴로울 때는 꽃밭에 있다고 생각해라"라는 말을 실천하는 것입니다.

'그게 말이 돼?'라고 생각하실지도 모르겠습니다. 하지만 저는 괴로울 때면 "좋았어!"라고 저 자신에게 말을 겁니다. 입 밖으로 소리를 내서 말하기도 하고요. 그러면 신기하게도 마음이 가벼워집니다. 그럴 때 저는 '이 괴로움은 나를 바꿀, 성장시킬 기회'라고 생각합니다.

두 번째는 '혀 위에서 굴리는'(《로한 선생의 추억》) 방법입니다. 와인을 맛보는 느낌이라고나 할까요? 이것은 작가인 고다 로한이 철학자이자 윤리학자인 와쓰지 데쓰로에게 하이쿠를 가르칠 때 해 준 말이라고 합니다. 고다 로한은 이해하기 어려운 하이쿠를 당장 이해하려고 서두르지 말라고 하면서 시구를 천천히 읊으며 그 의미를 이렇게 저렇게 생각하다 보면 자연스럽게 그 맛이 느껴진다고 가르쳤다고 합니다.

살다 보면 일도 인생도 괴롭고 생각처럼 풀리지 않을 때가 있을 것입니다.

예전에 저는 어떤 일로 인해 심하게 비난을 받은 적이

있었습니다. 저를 비난한 사람은 전부터 저에게 비판적이었기 때문에 보통은 '또 시작했구나'라며 그다지 신경쓰지 않았지만, 그때만큼은 도저히 묵과할 마음이 들지 않았습니다. 그런데 묵과할 수 없다고 생각하면 할수록 화가 치밀더군요. 이래서는 안 된다는 생각이 들었습니다. '이대로는 그 사람에게 마음을 전부 지배당하고 만다. 그러면 상대가 원하는 대로 되는 것 아닌가! 이 마음을 어떻게 할 방법이 없을까?' 하고 생각했습니다.

그때 저는 이 불쾌감을 빨리 없애야겠다고 생각하니까 분노가 더 커진다는 사실을 깨달았습니다. 그래서 '그렇다면 이 불쾌감을 천천히 맛보자'고 결심했습니다. '그 사람이 나를 나쁘게 말한다고 해서 나에 대한 평가가 높아지거나 낮아지는 것도 아니고, 그 사람이 그런 말을 하는 것은 그만큼 나를 신경 쓰고 있다는 뜻이다. 그런 것에 흔들릴 여유는 없다. 내가 믿는 길을 걸어가면 그만이다!' 이렇게 생각하자 오히려 기운이 나기 시작했습니다. 그래서 '이거 재미있군. 즐겁네'라고 생각하게 되었습니다.

천천히 맛보면 처음에는 불쾌한 감정만이 느껴집니다.

하지만 불쾌한 쪽으로 갈 것 같을 때, 그 기분을 지우려고 하지는 않습니다. 그때는 불평도 하면서 마음의 찜찜함을 지긋이 곱씹습니다.

그러는 과정에서 문득 의외의 깨달음을 얻거나 즐거움을 발견하게 될 수도 있습니다. 그러면 편안함마저 느껴집니다. 이것은 다른 누구도 아닌 자신만이 할 수 있는 경험이고, 인생에는 이런 즐거움도 있습니다. 쓴 것도 맛보는 마음의 여유는 '인생의 놀이'라고 저는 생각하게 되었습니다.

'유희삼매'의 비결

지금 이곳에서 하는 일과 하나가 되어 즐긴다

"유희삼매(遊戲三昧)"라는 선어가 있습니다.

중국 송나라의 선사인 무문혜개가 엮은 《무문관》이라는 책에 나오는 말입니다. 《무문관》은 수행승을 깨달음으로 이끌기 위한 문제인 공안(公案)을 정리한 책입니다.

그런데 이런 선어가 있다는 사실이 의외라고 생각하는 분도 계실지 모르겠습니다. '유희'도 모자라서 한 가지 대상에만 정신을 집중한다는 뜻의 '삼매'라는 말까지 붙었으니 말이지요. 이것을 '즐거운 놀이에 열중한다', '노는데 정신이 팔린다'는 의미로 받아들인다면 불교는 금욕

적이라는 이미지를 가진 분에게는 분명 어울리지 않는 말로 느껴질지 모릅니다.

하지만 이 선어에는 단순히 노는 데 열중한다는 것과는 차원이 다른 의미가 담겨 있습니다. 간단히 말하면 이것은 '즐거운 놀이를 한다'는 말이 아니라 아이가 놀이에 열중하듯이 '지금 이곳에서 하는 일과 하나가 되어서 즐긴다'는 의미입니다. 그런 심경이 되기 위해 먼저 힘든 일로부터 도망쳐 다른 곳에서 즐거움을 찾는 것이 아니라 눈앞에 주어진 일에서 즐거움을 찾아내자는 것이지요.

세상에는 많은 즐거운 일이 있을 것입니다. 하지만 항상 즐거운 일만 하면서 살 수는 없습니다. 먹고 살려면 일을 해야 합니다. 그리고 일이 바빠질수록 "마지막으로 논 것이 언제인지 기억도 안 나", "뭔가 재미있는 걸 하고 싶어…"라는 푸념이 커지지요. 몇 안 되는 '취미를 직업으로 삼은' 사람은 그렇지 않은 사람보다 하루하루를 더 즐겁게 보내기는 하겠지요. 그러나 아무리 좋아하는 일도 일단 직업으로 삼고나면 괴로울 때가 없을 수 없을 것입니다. 늘 즐거울 수만은 없는 것이죠.

그래서 대부분의 사람들은 열심히 일하고 간신히 얻은 짧은 여가 시간을 있는 힘껏 즐기려고 합니다. 전부터 보고 싶었던 영화를 보거나, 친한 친구와 술을 마시거나, 가까운 곳으로 여행을 떠남으로써 일상을 잊거나….

물론 이런 것도 즐겁게 노는 방법일 것입니다. 프랑스를 대표하는 수학자 파스칼은 이런 식의 즐거움을 '디베르티스망(divertissement, 기분전환)'이라고 불렀습니다. 하지만 일상생활이나 업무를 여가나 놀이와 서로 대비시켜서 생각하는 한 '일=괴로움', '놀이=즐거움'이라는 양분된 삶에서 벗어날 수 없습니다. 인생 전체로 보면 일하는 시간은 놀이를 하는 시간보다 훨씬 깁니다. '일상'이라는 말은 '매일 반복되는 생활'을 의미하는데, 여기에 즐거움이 없다는 것은 인생의 대부분을 즐겁지 않은 상태로 보낸다는 말입니다. 아깝다는 생각이 들지 않나요?

'업무도, 매일매일 하는 잡일도, 다양한 인간관계도, 취미생활이나 즐거운 일, 그리고 자신의 운과 불운까지도 전부 즐긴다는 마음으로 해 보면 인생은 더욱 풍요로워진다.' 저는 "유희삼매"라는 말을 이렇게 이해하고 있습니다. 그리고 저도 그렇게 살 수 있었으면 좋겠다고 생각합니다.

젊었을 때는 누구나 한 번쯤 '전부 내팽개치고 놀기만 하면서, 즐기기만 하면서 살고 싶다'고 생각한 적이 있을 것입니다. 하지만 그래서는 결국 벼랑 끝에 서게 될 뿐이며 아무것도 해결되지 않는다는 것을 이미 잘 알고 있을 것입니다. 무엇보다, 만약 1년 내내 하고 싶은 것만 하면서 살라고 하면 대부분의 사람은 아마 곤란해 할 것입니다. 즐거운 일은 가끔 하기 때문에 즐거운 것이거든요. 일은 힘들고 귀찮은 것이라고 여기고, 어쩌다 한 번 찾아오는 여가 시간만 열심히 기다리며 살게 되면 마음이 너무 가난해집니다.

이해하기 쉬운 법어로 유명한 야마다 무몬 선사는 "유희삼매"의 경지를 다음과 같이 설명했습니다.

"일하는 것이 그 자체로 놀이입니다. 타인을 위해서 행하는 것 자체로 놀이입니다. 괴로운 일을 겪는 것 또한 그 자체로 놀이입니다."

이런 깨달음의 세계에 이르지 못해도 괜찮습니다. 다

만 설령 바쁘고 힘든 때일지라도 그 속에서 작은 즐거움이나마 찾아내고, 웃을 수 없는 상황에서도 "아니, 이런 일이?"라며 상황을 즐겨 보십시오. 그러면 의외로 어깨에 들어갔던 힘이 빠지고 마음이 가벼워지며 상황을 호전시킬 방법이 보이는 법입니다. 뭔가 새로운 깨달음도 생겨나게 됩니다.

이렇게 주변에서 일어나는 일, 자신에게 일어나는 일에서 조금씩이라도 즐거움을 찾아낼 수 있는 마음의 여유가 생긴다면 하루하루가 그야말로 즐거움으로 가득한 "유희삼매"가 될 것입니다.

어디에도 머물지 않는 마음으로 산다

의욕 대신 여유가 필요한 순간
마음이 약하다면 약한 대로 산다

'전력을 다해 임한다.'

'최선을 다한다.'

이 모두 중요한 일입니다만, 구체적인 방향성도 정해지지 않은 상태에서 무작정 노력하는 경우에는 좀처럼 좋은 결과를 얻을 수 없습니다. 헛수고로 끝날 수도 있습니다. 온힘을 다해 노력할 때 사람은 필사적입니다. 그런 탓에 실수를 저지를 위험성이 항상 병존하죠. 그러므로 절대 힘을 빼지는 않되 서두르는 마음을 조금 억제하면서 기세를 유지한다면 오히려 방향성이 명확해져서 더 나은 결과를 낳을 수 있을 것입니다.

"선연직심자 역가득도(善軟直心者 易可得度)"《대지도론》라는 말이 있습니다. '편견이 없고 완고하지 않은 솔직한 마음을 지닌 사람이 깨달음을 얻는다'라는 의미입니다. 업무와 관련해서는 물론 스포츠의 세계, 아니면 다른 어떤 세계에서라도 유연한 마음은 매우 중요합니다.

예전에 회사에 다니는 어떤 분이 제게 조언을 구한 적이 있습니다.

"회사에서 맡은 기획의 프레젠테이션을 하게 되었어요. 상사의 신뢰에 보답하고 싶어서 필요하다 싶은 정보를 전부 수집해 정리하고, 여기에 저 자신의 견해를 추가해 자료를 완성하려고 노력하고 있습니다. 그런데 이때 어떤 마음가짐이 필요할까요?"

저는 그분의 말에 이렇게 대답했습니다.

"다른 사람이 의견을 말할 때 귀담아 들으셔야 합니다. 최선을 다해서 완벽한 결과물을 만들어내야 한다는 책임감은 매우 중요합니다만, 그것을 너무 강하게 의식하지 않는 편이 좋습니다. 그러지 않으면 긴장감이 높아지고 너무 애쓰게 돼서 마음에 여유가 없어지고 완고해지고 맙니다. 어딘가에서 이런 조급한 마음을 풀어 줘야 해요. 이를테면 의식적으로 일로부터 멀리 떨어져 있는 시간을 갖는 것도 좋은 방법이에요. 일에만 몰두하면 여러 가지 생각이나 감정의 끈이 뒤엉켜서 혼돈에 빠지기 쉽습니다. 그러니 사고를 일단 정지해 보세요. 마음을 비우는 것입니다."

일단 사고를 정지해 보면 자연스럽게 마음에 여백이 생겨서 사물을 다시 바라볼 수 있게 되며, 있는 그대로의 모습을 파악할 수 있게 됩니다. 그리고 이를 통해 마음은 물론 생각 또한 고정관념에 사로잡히지 않게 되고 유연해집니다.

향해야 할 방향성은 무작정 노력했을 때가 아니라 이런 유연함 속에서 보이게 됩니다. 일을 잘하는 사람의 표정은 의욕으로 가득하지 않습니다. 느긋하며 여유롭습니다. 그리고 일에 정신을 집중할 때와 긴장을 풀 때를 능숙하게 조절합니다.

감정의 흔들림에 관해 생각할 때는 그네를 떠올려 보면

좋습니다. 발을 구를 때마다 진자의 폭이 커집니다. 한쪽으로 크게 움직이면 다른 쪽으로도 크게 움직이지요. 그네가 크게 움직일수록 타고 있는 사람은 점점 불안해지고, 높이 올라간 상태에서 떨어지기라도 하면 크게 다칩니다.

일도 마찬가지입니다. 너무 온힘을 다해서 일하면 그만큼 감정의 동요가 커지고, 발을 구른 자기 자신이 그 감정에 휘둘리게 됩니다. 감정의 폭을 제어하지 못한 채 계속 휘둘리면 어떤 시점에는 그네에서 떨어지듯 자신을 잃어버릴 수도 있습니다.

'그런 식으로 감정에 휘둘린다는 건 마음이 약하다는 증거야. 마음을 더 강하게 가져야 해'라고 생각할지도 모릅니다. 하지만 사람의 성격을 바꿀 수는 없습니다. 무작정 자신을 채찍질하며 강한 마음을 가지려고 하면 쓸데없이 어깨에 힘이 들어가고 시야가 좁아져 버리지요. 그러다가 결국에는 강해지지도 못한 채 의욕만 잃어버리게 되지 않을까요? 그러면 마음이 강해지지 못하는 자신이 싫어질지도 모릅니다.

마음이 약하다면 약한 채로 두어도 괜찮습니다. 억지로 있는 힘껏 발을 구르며 그네를 탈 필요는 없는 것입니다. 마음을 가다듬고 불필요한 감정을 버려서 비우면 마음은 매우 솔직해집니다. 그러면 좀 더 유연한 마음과 머리로 일할 수 있게 될 것입니다.

버려야 채워진다

마음의 자유를 유지하기 위한 열쇠
마음이 한곳에 머물지 않게 한다

'정도껏 노력한다'는 것은 다른 식으로 표현하면 집중할 때와 긴장을 풀 때의 균형을 능숙하게 유지하는 것이라고도 할 수 있습니다. 집중해서 무엇인가에 몰두하면 점점 미간에 주름이 잡히고 시야도, 사고의 폭도 좁아지기 쉽습니다. 오랫동안 한 가지 일에 집중하는 것도 하나의 능력이겠지만, 벽에 부딪히면 빠르게 거기서 멀리 떨어져 기분을 전환하는 것 또한 능력이 아닐까 합니다. 같은 일이라도 멀리 떨어져서 바라보면 그때까지 보지 못했거나 생각하지 못했던 부분들이 새롭게 보이기 마련이지요.

저도 글을 쓰다가 막히면 책상에서 벗어나 기분전환을 합니다. 방 청소를 하거나, 잠시 산책을 하거나, 느긋하게 차를 내려 마시거나…. 시간으로 치면 30분에서 1시간 정도밖에 안 되지만, 그 시간을 통해 마음과 머리가 모두 충분히 재충전됩니다. 그리고 다시 책상 앞에 앉으면 막혔던 부분이 쉽게 풀리기도 하고 새로운 집필 아이디어가 떠오르기도 합니다. '이런 관점에서 접근할 수도 있겠구나', '이렇게 표현할 수도 있구나'라는 생각이 들면서 원고에 깊이가 더해지지요.

오래전 다쿠안 선사는 자신의 저서인 《부동지신묘록》에서 이렇게 말했습니다.

마음을 한곳에 머무르게 하면 마음이 자유자재로 활동하지 못한다.

무언가를 골똘히 생각하면 마음이 한곳에 머무르게 됩니다. 머릿속에서 여러 가지 분별이 일어나며 한쪽으로 치우치고 말지요. 요컨대 '자유롭게 마음을 움직인다'는 것은 '어디에도 머무르지 않는다'는 뜻입니다.

가령 원고를 쓰다 보면 진도가 나가지 않을 때가 있습니다. 여러 가지 상념이 일어나지요. 그러면 논지를 전환하지 못하게 됩니다. 어떻게든 계속 써보려고 하면 그 의식에 고정되어 결국 글을 쓸 수 없게 됩니다.

다쿠안 선사는 계속 한 장소에 머물러 있으면 마음이 자유롭게 활동하지 못하게 된다며 경계했지만, 집중하는 것이 나쁘다는 말은 결코 아닐 것입니다.

문제는 마음의 자유도입니다.

다쿠안 선사는 우여곡절 끝에 다이토쿠지라는 큰 절의 상좌승이 되었고, 수년 뒤에는 주지가 되었습니다. 그런데 사흘도 안 돼서 주지 자리를 내놓고 절을 떠났습니다. "마음을 한곳에 머무르게 하면 마음이 자유자재로 활동하지 못한다"라는 명리를 추구했지만 어쩔 수 없이 출세를 하게 되자 스스로 절을 떠나 버린 다쿠안 선사다운 말이 아니었나 싶습니다. 권위에 집착하기 싫었던 것이죠.

지금 우리에게 주어진 자리를 갑자기 버린다는 것은 사실 도저히 불가능한 일입니다. 고작해야 뭔가 한 가지 일이 벽에 부딪혔을 때 잠시 그 일로부터 멀리 떨어져서 마음의 자유를 되찾는 정도는 가능하겠지만, 그래도 시도

해 보지 않는 것보다는 나을 것입니다.

더 나은 성과를 올리고자 할 때, 전력 질주를 하는 것이
언제나 상책은 아닙니다.

한 가지 일에 온 힘을 쏟아 부으면 마음이 그 한곳에 머
물러서 그 밖의 것은 눈에 들어오지 않게 되며, 마음의 자
유도가 떨어져 버립니다. 그러므로 어느 정도 나이를 먹
은 뒤에는 정도껏 노력하길 권합니다. 그래야 인생을 더
알차고 단단하게 꾸려갈 수 있게 됩니다. 예를 들어, 70퍼
센트의 에너지를 쏟아 일에 집중했다면 나머지 30퍼센
트는 쉬거나 다른 일을 하는 데 사용하는 것입니다. 그러
면 삶의 균형이 딱 맞지 않을까요? 마음의 자유를 유지하
기 위한 열쇠는 30퍼센트를 버리는 데 있습니다.

저는 다쿠안 선사처럼 미련 없이 떠날 수는 없더라도
마음의 경쾌함만큼은 언제까지나 잃지 않았으면 합니다.
여러분은 어떠신가요?

아직 어깨에 힘이 들어가 있지 않는가?

몸에서 긴장을 풀면 마음도 변한다

사람들은 흔히 "어깨의 힘을 빼고 자연스러운 모습으로 사는 것이 좋다"고 말합니다. 하지만 제 생각에는 나이를 먹은 뒤라야 이 경지에 이를 수 있는 것 같습니다. 젊었을 때는 일에서든 인간관계에서든 어깨에 불필요한 힘이 들어가기 마련입니다. 이들이 어깨에 힘을 주는 것은 '다른 사람들보다 앞서 나가고 싶다', '무시당하고 싶지 않다'는 생각 때문입니다. 혹은 거물급 인사 앞에서 긴장하거나 위축되면 몸과 마음이 딱딱하게 굳어 버리지요. 저도 젊었을 때는 그런 일이 제법 많았습니다.

하지만 젊은 시절에 또래들과 경쟁하는 과정에서 허세를 부린 게 들통나 창피를 당하기도 하고 긴장한 나머지 실수를 저지르기도 하는 등 여러 경험을 하는 사이에 오히려 자신감 같은 것이 점점 쌓이게 됩니다. 그리고 어느 날 문득 더는 크게 보이려고 억지로 까치발을 딛지 않게 된 자신을 발견하게 되지요. 어느 순간 자신을 크게 보이려고 애쓰지 않고도 차분하게 타인과 마주할 수 있게 되고, 거물급 인사 앞에서도 겁을 먹지 않게 되는 것입니다.

저는 한때 학교에서 일한 적이 있는데, 대학의 장래구상위원회에서 외부의 각 분야에서 활약하고 있는 사람들과 토론을 할 일이 있었습니다. 그때 저는 '이런 걸 물어보면 내 역량이 들통나지 않을까?' 하는 생각은 전혀 하지 않고 모르는 것이 있으면 그때그때 물어봤습니다. 덕분에 엄청난 수확이 있었지요.

누구나 인생의 전환기가 되면 변화가 찾아오기 마련입니다. 그리고 여기까지 왔을 때 비로소 자연스러운 모습으로 살아갈 수 있게 된다고 생각합니다. 인생 후반기에 접어들어야 비로소 누릴 수 있는 특권이라고나 할까요?

중국 당나라 시대의 황벽희운 선사는 다음과 같은 말을 남겼습니다.

다만 자신의 마음을 잊고 법계와 같아지면
곧 자재를 얻는다.

《전심법요》에 나오는 말로, 여기서 말하는 '법계'는 '세계 · 우주 전체와 진리 그 자체인 진여'를 의미합니다. '자재'는 자연스러운 상태에서 만들어집니다. '잡념은 내버려두고 무엇인가에 몰두하는 사이에 자신을 잊는다', 즉 '마음을 비우고 접하는 사물이나 사람과 하나가 됨으로써 자재를 얻을 수 있다'고 황벽희운 선사는 말했습니다.

젊었을 때는 미숙한 까닭에 자신이라는 존재를 지나치게 앞세우고 사물이나 사람과 하나가 되지 못합니다. 젊은 열정과 패기 때문에 항상 '나'를 의식하며 자신을 내세움으로써 자아를 유지하려 하지요.

이렇게 자신이라는 개인에 집착하고 항상 다른 사람들과 같지 않으려 하는 것을 '중2병'이라고 부른다고 합니다. 한창 사춘기인 중학교 2학년 무렵에 그런 특성이 가장 두드러진다고 해서 이런 명칭이 붙었다고 하더군요. 이 말은 오늘날 젊은이들의 의식에 공통적으로 나타나는 위태로움을 표현하는 말로 쓰이고 있지만, 그 위태로움은 사실 중학교 2학년이 아니라 20대, 30대의 젊은이들에게도 뿌리 깊게 남아 있지 않나 싶습니다.

하지만 경험이 쌓이면서 어깨에서 힘이 빠지고 자신이라는 존재가 확립될수록 멋지게 보이려 애쓰지 않게 되고 자의식이 옅어져 갑니다. 기반이 확고해지면 더는 '나는', '나는'이라고 주장하지 않아도 자신을 잃어버릴 일이 없기 때문이지요. 그 마음의 여유가 사물이나 타인과 하나가 될 수 있는 경지로 이끄는 것이라고 생각합니다.

경험이 쌓이면 서서히 자신감이 붙게 됩니다. 하지만 그 자신감이 과신이 되어 무엇인가를 단정 짓거나 자신의 주장을 다른 사람에게 강요한다면 그것은 아직 마음이 미숙하다는 증거일 것입니다. 앞으로의 인생을 좀 더 풍요로운 마음으로 살기 위해서 익혀야 할 것은 어깨에서 힘을 빼고 사물이나 사람을 대하는 여유입니다. 일단 어깨에 힘을 넣었다가 풀어 보면 그 느낌이 어떤 것인지 알 수 있습니다.

버려야 채워진다

몸과 마음은 하나이므로 몸에서 긴장을 풀 수 있으면 마음도 바뀝니다. 그리고 삶의 경험을 통해 얻은 자신감이 오버랩되어 자신을 한 발 물러나 바라볼 수 있게 됩니다. 자신의 주장은 적당히 자제하고 상대의 시선에서 생각할 수도 있게 될 것입니다.

높은 곳에 등을 밝힌다.
인간의 키 높이에 등을 밝힌다.

도예가 가와이 간지로가 한 말입니다. 저는 이 말을 가슴에 새기고 있습니다.

이처럼 나와 타인을 구분하지 않고 상대와 하나가 되는 '법계와 같은' 심경이 되었을 때 어느 정도 인생의 연륜을 쌓았기에 이를 수 있는 '자연스러운 삶의 자세'를 갖게 된다고 생각합니다.

분주함으로 인해 잃게 되는 것

아무것도 하지 않아도 괜찮다

멀리 쓸쓸한 산을 오르니 돌길이 비스듬하게 나 있네.

흰 구름이 피어나는 곳에 사람 사는 집이 있구나.

수레를 세우고 앉아 늦은 단풍 숲을 즐기니

서리 맞은 단풍은 2월의 꽃보다 붉도다.

두목의 〈산행〉이라는 시입니다. 두목이라는 인물은 중국 당나라 말기의 시인으로, 그 어렵다는 과거에 급제해 높은 관직을 맡기도 했습니다.

두목이 하루는 잠시 바쁜 업무에서 벗어나 수레(인력거

나 가마였을 것으로 생각됩니다)를 타고 산으로 향했는데, 그때 본 풍경에 대한 감회를 읊은 것이 이 시가 아닐까 싶습니다.

관리로서 업무를 처리하느라 바빴을 두목에게 비록 잠깐일지라도 이렇게 산을 오르는 시간은 틀림없이 귀중한 재충전의 시간이었을 것입니다. '단풍이 봄의 꽃보다 붉다'는 대목에서 느껴지는 선명한 색감은 두목의 마음에 솟아난 감동을 표현한 듯합니다. 그만큼 시간은 물론 자신도 잊은 채 바라봤던 것이지요.

현대인들은 자신도 모르게 "바쁘다, 바빠"라는 말을 입버릇처럼 하는 경향이 있습니다. 하지만 '바쁘다'는 의미의 한자 '망(忙)'을 풀어 보면 '마음(忄)을 잃다(亡)'라는 뜻이 됩니다. 이처럼 자신을 잃어버리지 않도록 아무것도 하는 일 없는 무위(無爲)한 시간이 누구에게나 필요하지요. 두목이 그랬듯이 때로는 업무와 아무 상관 없는 장소에 자신을 데려가서 그저 생각 없이 걸어 보는 것도 좋지 않을까 싶습니다. 혹은 아무것도 하지 않고 그냥 멍하니 있기만 해도 마음은 재충전됩니다.

휴식을 취할 때조차도 바쁘게 보내는 사람들이 있습니다. 근면함은 훌륭한 미덕으로 여겨지는 경우가 많지만 일도 놀이도 너무 열심히 하면 마음이 딱딱하게 굳어 버리게 됩니다.

'바쁘다'는 말이 입버릇이 되었다고 느낀다면 일단 그 분주함에서 벗어나 보는 것도 한 가지 방법입니다.

반나절이나 하루 정도 아무것도 하지 않는다고 해서 업무가 마비되거나 심각한 영향을 받지는 않습니다. 일단 해 보고 그 사실을 깨달으면 그 뒤로는 너무 힘을 주지 않고 일을 대할 수도 있게 될 것입니다.

인생의 구불구불한 길을 따라가는 지혜
연륜을 활용한다

저는 중년의 나이에 큰 병을 앓은 적이 있습니다. 그 때문에 모든 일에서 손을 떼야 했고, 깊은 좌절감 속에서 하루하루를 살았습니다. 그런데 병을 앓고 있을 때는 생각이 미치지 못했지만, 몸이 회복되기 시작하자 고마움을 뼈저리게 느낀 선어가 있습니다.

구불구불한 길도
적당히 따라가면서
나부끼는 모습이여

참억새

참억새는 바람에 맞서는 일 없이 유연하게 나부끼며 흔들립니다. 이 구절은 그런 참억새의 모습을 인용해 역경에 빠졌을 때의 대처법을 가르쳐 줬다고 할 수 있습니다.

인생에는 우여곡절이 있기 마련입니다. 곧게 나 있는 것처럼 보였던 길이 갑자기 구불구불 굽이치는 길로 바뀌는 경우도 있는데, 그럴 때 똑바로 질러서 가려고 하면 벽에 부딪혀 다치고 말지요. 그러므로 길이 굽었다면 굽은 대로 그 길을 따라가면 된다는 의미일 것입니다.

물론 때로는 어떻게 해서든 똑바로 나아가야 할 때도 있을 것입니다. 특히 젊었을 때는 역경에 부딪히는 것도, 다치는 것도 좋은 인생 공부가 되기도 하지요. "젊었을 때는 끊임없이 도전하면서 다쳐 봐야 해. 그렇게 해서 쌓은 경험이 미래의 나를 만들게 되지"라고 말하는 사람도 있을 겁니다.

하지만 어느 정도 나이를 먹은 뒤에는 과감하게 역경과 맞서는 것이 좋은 방법은 아닙니다. 다쳤을 때의 타격도 크고, 회복력도 느려진 상태이기 때문입니다. 체력이 떨어졌다면 그 상태에 맞는 대처법이 있기 마련이지요. 이는 육체뿐만 아니라 정신도 마찬가지라고 할 수 있습니다. 역경에 정면으로 맞섰다가 좌절하면 젊었을 때보다 정신적으로 타격이 큽니다. 게다가 젊은 시절에는 실패를 통해 배우고 다시 도전할 기회도 있지만, 중년 이후에는 그렇다는 보장이 없습니다. 아마도 대부분의 경우는 '이 나이를 먹고도 또 이런 실패를 하다니…'라는 생각에 우울해지겠지요.

나이를 먹으면 젊음 대신에 연륜이라는 강력한 무기가 생깁니다. 나이를 폼으로 먹은 것은 아니므로 누구나 저마다의 경험을 통해 얻은 지혜가 있을 것입니다. 벽에 부딪히더라도 초조해 하지 않고 여유롭게 앞으로 나아가며 능숙하게 극복할 지혜, 목표를 이룰 지혜가 생겼을 것이므로 그것을 활용하면 되는 것입니다.

물론 세상은 정론이 통하지 않는 경우도 많은 법이지만, 그렇더라도 자신의 신념을 굽히지 않았으면 좋겠습니다. 안일하게 타협하면 자기 존재를 부정하는 셈이 되어 버리기 때문입니다.

하지만 역시 때가 무르익어야 합니다. 그렇지 않다면 죽기를 각오하고 싸우기보다 "아직 때가 일러"라고 자신에게 말하는 수밖에 없습니다. 생각처럼 되지 않아 생기는 초조함이나 짜증은 그렇게 생각함으로써 누그러뜨리십시오. 지금의 상황도 단순한 현상이므로 언젠가 때가 되면 달라지리라 믿는 것입니다.

사토 가쓰히코의 《좋지 아니한가 좋지 아니한가》라는 책에는 다음과 같은 구절이 나옵니다.

이쪽으로 떠밀리고, 저쪽으로 떠밀리고, 이것도 인생.
이리 가서 쿵, 저리 가서 쿵, 그것도 인생. 각자 살 수
있는 곳에서
인생, 좋은 풍경.

역경에 부딪혔을 때도 적당한 힘으로 넘기는 정도가 딱 좋은 것입니다. 그리고 바람에 나부끼는 참억새처럼 인생의 구불구불한 길을 '적당히 따라가면서' 살면 되지 않을까요?

4

대범하고

어리석게 산다

○
바람이 소죽(疎竹)에 불어와도
바람이 지나가면
대나무는 소리를 남기지 않는다.

_홍자성, 《채근담》

어리석은 사람과 슬기로운 사람의 차이
어리석음을 인정하는 사람의 지혜

에도 시대의 승려 료칸은 수행을 마친 뒤 전국을 떠돌아다녔고, 만년에는 홀로 작은 암자에서 조용히 살았습니다. 당연히 풍요로웠을 리가 없는데, 청빈함을 고수하는 료칸을 사람들은 비웃었습니다. 하지만 료칸은 그런 비방에는 조금도 신경 쓰지 않았습니다.

그런 료칸의 정식 법명은 '다이구(大愚) 료칸'입니다. 문자 그대로 읽으면 '큰 바보'라는 말이지요. 하지만 여기서 '다이구'는 '대범한 어리석음'이라고 이해해야 할 것입니다. '바보'라든가 '어리석은 사람'이라는 의미가 아니지요. 남들이 그렇게 부르더라도 그냥 내버려두고 신경 쓰지 않는 료칸의 성정에 딱 어울리는 법명인 듯합니다.

　사람이라면 아무래도 타인의 눈을 신경 쓰기 마련입니다. 아무리 '신경 쓰더라도 달리 방법이 없으니 신경 쓰지 말자'라고 생각하더라도 무의식적으로 자신을 향하는 말에 일희일비하게 되지요. 누가 뭐라고 하든 신경 쓰지 않는, 흔들림 없는 마음이 있다면 좋겠지만, 그러기는 쉽지 않습니다.

　하물며 "바보 아냐?", "무능한 놈" 같은 악담이나 부정적인 평가를 듣게 되면 화가 나서 몸을 떠는 게 정상적인 반응일 것입니다.

　사실 저도 젊은 시절에 그런 기분을 상당히 많이 느껴봤습니다. 그런데 악담이나 부정적인 평가를 듣고 나쁜 감정이 싹튼다는 것은 뒤집어 생각하면 '나는 그런 말을 들을 이유가 없어'라는 마음이 있기 때문입니다. '내가 바보라는 게 말이 돼?', '내가 무능하다니, 말도 안 돼'라고 생각하기 때문에 그런 말을 들었을 때 '부당한 평가'라고 받아들이게 되는 것이지요. 그래서 화가 솟구칩니다. 게

다가 골치 아프게도 이럴 때의 나쁜 감정은 시간이 지나
도 풀리지 않고 남습니다.

하지만 평판의 근거를 찾아내서 진위를 가릴 수도 없는
노릇입니다. 그런 까닭에 점점 더 원치 않는 감정에 시달
리게 됩니다.

그럼 어떻게 하면 그런 생각의 굴레에서 해방될 수 있
을까요?

오랫동안 그런 생각 때문에 괴로웠던 저는 이런 상황
을 '역발상'을 함으로써 이겨낼 수 있었습니다. 요컨대 "저
녀석은 바보야"라는 말을 들었다면 '그래 나는 바보일지
도 몰라', "저 녀석은 무능해"라는 말을 들었다면 '나한테
는 무능한 측면도 있는지 몰라'라고 우선 인정하는 겁니
다. 그러면 화가 들끓던 마음에 여유가 조금 생깁니다.

석가모니와 그 제자들이 생전에 했던 말이 적혀 있는
《법구경》에도 다음과 같은 구절이 나옵니다.

만약 어리석은 사람이 자신의 어리석음을 깨닫는다면
그가 곧 슬기로운 사람이다.

자신의 어리석음을 인정할 수 있는 사람은 그렇게 인정함으로써 더 이상 어리석은 사람이 아니라는 의미입니다. 악평을 듣고 분노에 몸을 맡기기보다 인정해 버리는 것이 더 어려운 일일 수도 있습니다. 하지만 '나는 진짜 똑똑해', '나는 완전 유능해'라는 생각은 어쩌면 자기 자신을 과대평가하는 것일지도 모릅니다. 그러므로 '그래, 난 바보인지도 몰라', '어쩌면 무능한지도 몰라'라고 생각하며 자신을 되돌아보는 기회로 삼으면 되는 것입니다.

"분명 나는 바보인지도 몰라"라고 소리 내어 말해 보십시오. 그리고 자신을 비웃을 수 있을 정도로 마음의 여유를 가져 보면 어떨까요? 악담도 적당히 들으면서 살아야 진정한 어른으로 성장할 수 있는 것인지도 모릅니다.

악담의 순환 원리

악담을 진지하게 받아들이지 않는 방법

불교의 중요한 교훈들을 가려 뽑은 《사십이장경》에는 석가모니의 다음과 같은 말씀이 전해져 옵니다.

가령 누군가가 저를 시기해서 악담을 했다고 칩시다. 하지만 저는 악담을 들어도 잠자코 있을 뿐 아무런 대꾸도 하지 않습니다. 그저 그 사람을 불쌍히 여길 뿐입니다. 그리고 그 사람이 조금 차분해졌을 때를 기다렸다가 이렇게 묻습니다.

"당신이 선물을 들고 누군가의 집을 방문했다고 칩시

다. 만약 상대가 그 선물을 받지 않는다면 어떻게 하시겠습니까?"

상대는 "가지고 돌아가는 수밖에 없지요"라고 대답할 것입니다.

그러면 저는 즉시 이렇게 말해 줍니다.

"당신은 저에 대해 악담을 심하게 하셨지요. 하지만 저는 그 악담을 전혀 신경 쓰지 않았습니다. 즉, 당신의 악담을 받지 않았습니다. 그러니 당신은 제게 퍼부었던 악담을 가지고 돌아가 자신에게 던지는 수밖에 없습니다. 메아리처럼 당신 자신에게 돌아오는 것이지요. 그 화(禍)로부터 도망칠 수는 없습니다. 당신은 그런 화를 당하지 않으려면 악담을 삼가는 수밖에 없습니다."

역시 석가모니는 악담을 들어도 자신을 잃어버리지 않으십니다. 하지만 우리는 그러지 못합니다. 기분이 상해서 이렇게 불쾌감을 준 상대에게 앙갚음을 하지 않고서는 직성이 풀리지 않는다며 더욱 화를 내고, 분해서 잠도 이루지 못합니다. 상대의 악담을 진지하게 받아들이는 것입니다.

이런 피해를 입지 않기 위해서는 그 악담에 정면으로 맞서지 않고 받아넘길 수 있어야 합니다. 그러려면 미리 자신은 아직 '타인에게 악담을 들을 만큼 부족한 점이 있다', '미숙한 점이 있다'라고 자신에게 말하며 스스로 경계할 필요가 있습니다.

하지만 그것만으로는 분노가 가라앉지 않을 것입니다. 석가모니의 말씀에도 나오는 '속이 후련해지는 생각'을 세 가지 소개하겠습니다.

악담을 한 사람은 자기가 한 말에 상대가 불쾌해 하면 틀림없이 기분이 좋아질 것입니다. 하지만 사실 여기에는 말한 사람의 마음이 그대로 투영돼 있습니다. 사람은 본인 스스로 단단할 때는 다른 사람이 어떻든 관심이 없습니다. 하지만 생각처럼 일이 잘 풀리지 않을 때는 상대적으로 운이 좋아 보이는 사람을 질투하게 되지요. 그러면 악담을 하고 싶어집니다. 뒤집어서 생각해 보면, 악담을 하는 사람은 "저는 충실하지 않습니다. 불쌍한 사람입니다"라고 공언한 것이나 다름없습니다. 이것이 첫 번째입니다.

다음으로, 아무리 악담을 들어도 듣는 사람이 겉으로 평온한 척하면 상대는 악담이 효과가 없다고 생각하는 한편, '뻔뻔한 놈'이라고 하면서 더 분해 하고 짜증을 낼 것입니다.

마지막으로, 악담을 하는 이유는 상대가 자신보다 뛰어나다고 생각하거나 자신보다 행복하다고 생각하기 때문입니다. 요컨대 악담의 이면에는 "나는 당신보다 열등해. 그래서 분해"라는 의미가 있는 것이지요.

그러니 악담을 하는 사람은 그 악담이 되돌아와 자신에게 세 배로 강하게 타격을 가하게 되는 셈입니다.

그렇게 생각하면 악담을 들어도 흘려 넘기고 내버려두는 편이 현명합니다. 때로는 바보처럼 구는 것도 좋은 방법입니다.

저는 "강하게 나오는 상대에게는 약함으로 대응한다"라는 말을 엔가쿠지의 요코타 난레이 선사에게서 배웠습니다. 악담을 진지하게 받아들이는 것은 상대가 원하는 바이며, 자신이 상대와 똑같은 수준임을 상대에게 알리는 꼴인 것입니다.

부정적인 감정에
대처하는 법

좋은 일도, 나쁜 일도 있는 것이 인생

선종 고승들의 어록과 행적을 기록한《경덕전등록》이라
는 불교서에 전해져 오는 이야기입니다.

당 시대의 선승인 영운지근에게 한 승려가 이런 질문
을 했습니다.

"태어나는 괴로움, 늙는 괴로움, 병에 걸리는 괴로움, 죽
는 괴로움이라는 인생의 네 가지 괴로움을 어떻게 극복
하면 좋겠습니까?"

이에 영운지근 선사는 이렇게 대답했습니다.

"청산은 본래 움직이지 않고, 흰 구름이 스스로 오고간다네."

언제 어떤 때라도 산은 움직이지 않으며, 구름이 마음대로 오고가도록 내버려둔다는 의미로, 물론 경치를 이야기한 것이 아닙니다. 괴로움이란, 산 위의 구름처럼 흘러왔다가 떠나기 마련입니다. 그러므로 사람 또한 산처럼 움직이지 않으면서 괴로움이라는 구름이 왔다가 떠나도록 내버려두면 된다는 의미입니다.

산처럼 움직이지 말 것, 그때 일어나는 다양한 감정의 구름이 오고가도록 내버려둘 것, 즉 감정의 존재를 부정할 필요는 없으며 그저 감정에 휘둘리지 않도록 하면 된다는 말입니다. 좋은 일이 있으면 나쁜 일도 있는 것이 인생입니다. 그런 가운데 다양한 감정이 생겼다 사라지는 게 인간이지요. 어떤 사건도, 어떤 감정도, 일어날 때는 일어나며 때가 되면 떠나갑니다. 그것이 인생이라고 생각하고 차분한 자세를 유지하면 신기하게도 발밑이 안정되는 듯한 기분이 들면서 청산처럼 '본래 움직이지 않는' 경지에 이르게 될 것입니다.

선에서는 종종 이렇게 사람의 마음을 자연과 대비시켜서 이야기합니다. '있는 그대로의 모습으로 있기'를 실천하는 자연은 우리에게 많은 깨달음을 주는 교육의 장인 것입니다.

　'불쾌한 일을 겪었을 때 마음을 빠르게 전환할 수 있다면 얼마나 좋을까?' 이런 생각을 종종 할 겁니다.

　저는 비교적 집착이 적은 편이라고 생각합니다. 하지만 불쾌한 일, 화나는 일이 있으면 저도 모르게 화를 내거나 불평이 많아지는 등 감정의 파도에 휩쓸리려고 하는 저 자신을 발견할 때가 있습니다. 다른 사람을 통해서 저에 대한 터무니없는 악평이 돌고 있다는 말을 듣고 하루 종일 불쾌했던 적도 있고, 믿었던 사람에게서 생각지도 못했던 말을 듣고 깊은 상처를 받은 적도 있습니다.

　동시에 상대의 마음을 꿰뚫어보지 못했던 저 자신의 한심함을 자책했던 적도 있습니다. 저 스스로도 모르는 사이에 타인에게 지나치게 기대를 하고 있었던 것이지요. 나쁜 감정은 빨리 버리는 편이 좋다는 것을 알면서도 언제까지나 거기에 집착하며 계속 남겨두는 경향이 있었던 것입니다.

구름처럼 흘러왔다 흘러가는 것은 괴로움만이 아닙니다. 평온무사한 마음이 구름 한 점 없이 맑게 갠 하늘이라고 한다면 미움, 슬픔, 질투, 시기심, 의심 같은 부정적인 감정은 구름입니다. 특히 산의 날씨는 변화무쌍합니다. 맑다가도 곧 구름이 끼고, 갑자기 폭우가 내리기도 하지요.

맑게 갠 마음에 갑자기 먹구름이 몰려드는 것은 일 때문일지도 모릅니다. 아니면 일 이외의 인간관계 때문일지도 모르지요. 서로 모든 것을 인정하고 용서할 것 같은 가족 사이에서도 언제 먹구름이 드리울지 알 수 없습니다. 하지만 이렇게 마음의 날씨가 바뀔 때마다 휘둘리면 자신만 피곤해집니다. 그때는 주위 사람과의 관계에도 지장을 초래하지요.

아마도 이것은 거의 모든 사람들이 겪는 일일 것입니다. 그래서 홀연히 왔다가 사라지는 부정적인 감정을 어떻게 하면 좋을지 궁금해 하는 사람이 많을 것입니다.

제가 정말 좋아하는 말이 있습니다. 명 시대 말기에 살았던 홍자성이 쓴 《채근담》에 나오는 말입니다.

바람이 소죽(疏竹)에 불어와도, 바람이 지나가면
대나무는 소리를 남기지 않는다.

소죽은 드문드문 자라난 대나무 숲을 뜻합니다. 그곳
에 바람이 불면 대나무는 시끄러운 소리를 냅니다. 하지
만 바람이 멈추면 소리도 그치고 원래의 고요함을 되찾
지요.

대나무 숲을 자신의 마음으로 치환하면 바람은 악감정
을 불러 오는 불쾌한 사건이라고 할 수 있습니다. 바람이
불면 대나무 숲이 소리를 내듯이 불쾌한 일이 있으면 마
음은 술렁거립니다. 하지만 바람은 그리 오래 계속되지
않습니다. 그치지 않는 바람은 없듯이 지나가지 않는 나
쁜 일도 없는 것입니다. 그리고 일단 지나가 버리면 대
나무는 아무 일도 없었다는 듯이 원래의 상태로 돌아갑
니다.

불쾌한 사건이 언제까지나 계속되고 있는 듯이 느껴진
다면, 그것은 자신의 마음이 계속 그 일에 집착하며 버리
지 못하고 질질 끌려다니고 있기 때문일 것입니다.

멋대로 상대를 신뢰하고
있지는 않는가?
기대하기 때문에 상처 받는다

생각처럼 일이 진행되지 않았을 때나 타인이 자신의 생각대로 움직여 주지 않았을 때, 우리는 말할 수 없는 초조함과 실망감에 사로잡힙니다. 갈 곳을 잃은 분노나 슬픔을 끌어안고 어쩔 줄 몰라 하지요. 기분을 풀기 위해 홧술을 마시고 술기운을 빌려 울분을 토해내 봐도 불만스러운 현실은 달라지지 않습니다.

그럴 때는 시각을 조금 바꿔 보면 어떨까요?

애초에 그 불만의 원인은 무엇이었을까요? 외부의 상황이나 타인은 불만이라는 감정의 방아쇠이기는 하지만 근본적인 원인은 아닙니다.

불만의 원인은 사실 자신의 마음속에 있습니다.

'그 일은 더 나은 방향으로 나아갈 수 있었을 것이다.'

'저 사람은 일을 좀 더 알아서 잘 처리해 줄 수 있을 것이다.'

이런 기대감이 있었기에 그 기대감이 채워지지 않았을 때 실망하고 불평불만이 생기는 것입니다.

무언가 기대를 한다는 것은 희망을 갖는다는 것입니다. 그리고 희망은 사람이 앞으로 나아가기 위해 필요한 것이기도 합니다. 하지만 멋대로 혼자 너무 큰 기대를 하면 자신도 주위 사람도 상처를 받을 수 있습니다. 그러니 애초에 기대를 하지 않는 것이 가장 좋은 방법이 아닐까요?

크고 작음은 사람의 정(情)에 있다.

《몽중문답》에 나오는 이 선어는 가마쿠라 시대와 무로마치 시대를 살았던 무소 소세키 선사가 한 말로, '모든 판단은 자신의 마음가짐에 따라 정해진다'는 가르침을 담고 있습니다. 무소 소세키 선사는 교토에 있는 덴류지라는 큰 절을 창건했는데, 한때 시골의 가난한 절에 살기도 했습니다.

무소 소세키 선사가 살던 절에는 목욕탕이 없어서 목욕을 하려면 함께 살던 승려와 함께 근처의 절까지 가야 했답니다. 그런데 언제부터인가 목욕탕을 빌려주는 절의 목욕통에 따뜻한 물이 절반만 채어져 있었습니다. 어느 날 함께 갔던 동료 승려가 따뜻한 물이 절반만 있는 것을 보고는 "일부러 물을 반만 채우는 것 같아요. 속이 좁은 중이군요"라며 투덜댔습니다. 그러자 무소 선사는 이렇게 말했습니다.

"자네에게 크고 작음을 분별하는 마음이 없었다면 저 목욕통에서 대해의 물을 퍼낼 수 있었을 걸세. 속이 좁은 것은 저 승려가 아니라 자네일세."

"크고 작음은 사람의 정에 있다"라는 말 앞에는 "만물에는 본래 크고 작음의 상(相)이 없다"라는 구절이 있습니다. 사물에는 본래 크고 작음이라는 것이 정해져 있지 않다는 말입니다.

'그 크고 작음을 결정하는 것은 사람의 정, 즉 개개인의

마음가짐이다.'

무소 선사는 동행한 승려를 이렇게 타일렀던 것이지요.

이후 그 승려는 일체 불평을 하지 않았다고 합니다.

목욕탕이 없는 열악한 환경에서는 근처에 목욕탕을 빌려 쓸 곳이 있다는 것만으로도 고마울 터입니다. 그럼에도 무소 선사와 함께 살던 승려는 그 고마움을 잊고 목욕물이 많고 적음에 대해 불만을 토로했습니다. '더운 물을 얻을 수 있다', '그것도 충분히 얻을 수 있다'라는 기대가 있었기에 그 기대에 어긋나는 대우를 받자 불만이 생겼던 것이지요. 처음부터 크고 작음을 문제 삼는 마음이 없었다면 그것이 어떤 크기이더라도 틀림없이 만족했을 것입니다. 그러므로 속이 좁은 것은 크고 작음을 문제 삼는 쪽이라는 것을 무소 선사는 말하고 싶었던 것이겠지요.

그런데 무소 선사의 말에 바로 생각을 바꾼 승려 또한 훌륭한 사람이라고 할 수 있습니다. 저였다면 이렇게 타일러도 바로 마음을 고쳐먹지는 못했을 겁니다.

저도 믿고 있던 사람에게 심하게 배신을 당해 크게 상심했던 적이 몇 번 있습니다. 생각대로 일이 진행되지 않아 불만을 품었던 적도 셀 수 없이 많습니다.

　물론 멋대로 상대를 신뢰하고 '이렇게 해 주겠지'라고 기대했던 것은 저입니다. 상황을 제게 유리한 쪽으로 전망하고 '이렇게 될 거'라고 기대했던 것도 저입니다.

　하지만 말은 이렇게 해도 사실 쉽게 단념이 되지는 않습니다. 이렇게 제멋대로 기대하는 습관이 깊게 고착화되어 있기 때문이지요.

　자신도 모르게 다른 사람이나 어떤 상황에 대해 불평불만을 늘어놓고 싶어질 때는 '기대하지 말자'라는 생각을 떠올리십시오. 만약 생각지도 않게 그렇게 되었다면 '고마워하고 기뻐하자'라는 생각을 떠올리십시오. 그러면 틀림없이 마음속에 있는 얼음덩어리가 녹을 것입니다.

　저는 이렇게 마음을 단련하면서 "문제는 상대나 상황이 아니라 나 자신의 마음이다"라고 말할 수 있게 되었습니다.

모든 것은 마음가짐에 달려 있다

맑은 하루를 만들까, 흐린 하루를 만들까?

인생은 자신이 마음먹기에 따라 달라진다고 하지만, 그렇게 간단한 문제만은 아닐 것입니다. 마음도 중요하지만 실제로 마주치는 상황이나 환경에 의해 크게 좌우되기 때문이지요.

똑같은 일일지라도 받아들이는 사람에 따라 일의 진행 과정과 결과가 크게 달라집니다. 같은 일이라도 '아, 정말 싫다'라며 우울해 하는 사람이 있는가 하면 '뭐, 이런 일 하루 이틀 겪는 것도 아닌데'라며 크게 신경 쓰지 않는 사람도 있습니다. 즉, 외부 세계의 영향을 쉽게 받는 유형과 그렇지 않은 유형이 있는 것이지요.

그 사람의 마음가짐에 따라 사물을 받아들이는 방식도 달라지며, 그 마음가짐이 그날의 1분, 1시간, 하루를 좌우합니다. 또 그 하루가 쌓여 1년이 되고, 결국은 여러분의 일생이 되지요.

그렇게 생각하면 마음가짐에 따라 흐린 하루를 만들지, 맑은 하루를 만들지가 결정된다는 사실도 이해할 수 있을 것입니다.

"일체유심조(一切唯心造)"라는 말이 있습니다. 《화엄경》의 사구게(四句偈)에 나오는 말입니다.

'만약 우리가 부처님, 진정한 마음을 알고자 한다면 모든 것 또는 현상의 본성은 우리의 마음이 만들어낸 것임을 마음의 눈으로 봐야 한다'는 의미입니다.

이 말은 "모든 존재의 근원은 마음이다"라는 유심론과는 관계가 없습니다. 자신의 마음이 어떻게 받아들이느냐에 따라 세상은 멋진 곳이 될 수도, 아니면 불쾌한 곳, 나아가 지옥이 될 수도 있다는 말입니다. 매사를 밝게 받아들이는 사람도 자신에게 불쾌한 일이 일어나면 힘들다고 생각하기 마련입니다. '좋다', '나쁘다', '마음에 든다', '마음에 들지 않는다' 하는 감정은 누구에게나 있습니다.

제가 아는 어떤 사람은 매사를 진지하게 받아들입니다. 그래서 조금이라도 불쾌한 일을 겪으면 금방 기분이 우울해집니다. 그리고 "분명 결과가 나쁠 거야"라고 말합니다. 그럴 때 제가 "하지만 미래는 알 수 없는 일입니다"라고 위로하면 그는 "이런 식으로 생각하면 결과가 나쁘더라도 실망하지 않을 수 있거든요"라고 대답하지요. 이 또한 그 사람 나름의 인생관입니다. 그는 "저의 그런 점이 저도 싫고, 약점이라고 생각해요. 하지만 이런 성격을 바꿀 수가 없네요"라고 말하며 자신의 그런 성격을 책망합니다. 그런 식으로 괴로움의 강도를 높이지요.

그의 방식은 좋은 방식이라고 할 수 없습니다. 점점 의욕이 약해지게 하기 때문입니다. 불평은 의욕을 약화시킵니다. 그는 사실 스스로를 괴롭히는 자신의 성격을 어떻게든 바꾸고 싶어 하면서도 계속 자신에게 상처를 주고 있습니다. 스스로를 지옥에 빠뜨리고 있는 것이지요.

그렇다면 자신을 소중하게 여기려면 어떻게 해야 할까

요? 이런 경우에 심리 상담가들은 먼저 자신을 책망하며 나쁘게 평가하기를 멈추고, 최대한 자신의 마음을 있는 그대로 바라보며, 그 자체로 인정하는 것이 중요하다고 합니다.

구체적으로는, 기분이 우울해지는 일이 있으면 자신이 무엇을 신경 쓰고 있는지 확인해 보는 겁니다. 그런데 이때 자신이 신경 쓰는 문제만을 봐야 합니다. 예를 들면, '나는 이런 문제가 신경 쓰여', '저 사람의 말과 행동이 신경 쓰여서 견딜 수가 없어'라고 하는 자신의 상태를 보는 것입니다. 그리고 자신이 느끼는 감정과는 거리를 두어야 합니다. 감정은 옆으로 제쳐놓고 제3자의 시선으로 바라보듯이 하는 것입니다. 이렇게 하면 괴로운 감정을 버리기 위해 애쓰지 않아도 우울한 일과 거리를 둘 수 있게 됩니다.

이렇게 마음에 거리낌이 없는 상태가 되면 자신의 마음가짐이 짜증, 망설임, 고민이나 괴로움의 감정을 만들어내고 있음을 알 수 있게 됩니다. 그리고 자기 스스로 자신이 원하는 하루하루를 만들어 갈 수 있다는 것도 알게 됩니다.

이렇게 되려면 자신을 바로잡아야 합니다. 자신의 몸과 마음을 바로잡아 나가면 조금씩 있는 그대로의 자신의 모습이 보이고, 자신을 괴롭히는 문제를 해결할 길을 찾을 수 있게 될 것입니다.

지금 무엇을 할 수 있고,
무엇을 할 수 없는가?
지금 할 수 있는 일에 몰두한다

제가 아직 부주지였던 시절에 있었던 일입니다.

연초에 저희 사찰에 다니는 80대 노부인과 대화를 나누게 되었습니다. "새해 복 많이 받으십시오"라며 서로 새해 인사를 나눴는데, 그 노부인은 "사실 지금 새해 복 많이 받으시라고 말씀드렸지만 마음은 그렇지가 못합니다"라고 하시더군요. 제가 "무슨 말씀이신지…"라고 조심스럽게 여쭈었더니 진지한 표정으로 저를 바라보며 "네. 스님은 젊으셔서 아직 이해 못하실지 모르겠지만, 저희 나이가 되면 '새해를 맞이했으니 올해도 열심히 살자' 하는 기분이 들지 않는답니다"라고 대답하셨습니다. 그래서 "안색도 좋고 건강하신데 무슨 말씀이십니까"라고 말씀드렸더니, 그 노부인은 다시 "아닙니다. 옛날에 비하면 안 좋은 곳투성이랍니다. 조금만 걸어도 다리가 아프고, 허리도 안 좋고, 눈도 귀도 예전 같지 않아요"라고 말씀하시고는 어두운 표정으로 "아직은 그럭저럭 몸을 움직일 수 있지만, 만약 병에 걸려서 앓아눕기라도 하게 되면 가족이 힘들어질 텐데, 그 생각을 하면 걱정이 돼서 잠이 안 올 때도 있답니다"라고 털어놓으셨습니다. 이때는 저도 "고민한다고 어떻게 할 수 있는 문제가 아니니 편하게 생각하십시오"라고 위로해 드리는 수밖에 없었습니다.

그때 제 나이가 서른 살이었는데, 저로서는 그 노부인의 기분이 어떨지 상상할 수는 있어도 그 기분을 공감할 수는 없었습니다. 그러다 나이를 먹어가면서 그 노부인의 말이 무슨 뜻인지 뼈저리게 느낄 수 있었습니다.

《금강경》에 "과거심불가득, 현재심불가득, 미래심불가득(過去心不可得 現在心不可得 未來心不可得)"이라는 말이 있습니다. '과거의 마음도 얻을 수 없고, 현재의 마음도 얻을 수 없으며, 미래의 마음도 얻을 수 없다'는 뜻입니다.

우리는 "옛날에는 좋았는데", "그때 이렇게 했더라면…" 하면서 과거에 집착하지만, 이미 지나가 버린 일을 계속해서 마음속에 담아 둔다고 해서 바꿀 수 있는 것은 없습니다.

현재 또한 한순간도 멈추지 않습니다. '지금'의 '지' 자를 말한 시점에 현재는 아직 오지 않았고, '지금 이때'라고 생각한 시점에 현재는 이미 지나가 과거가 되어 버립니다.

또 우리는 아직 오지 않은 미래의 일을 심각하게 걱정할 때가 있습니다. 하지만 아직 오지 않은 미래를 크게 걱정하며 초조해 하거나 고민한들 달라지는 것은 없습니다. 미래는 아직 오지 않았기 때문입니다.

요컨대 과거도 현재도 미래도, 그때의 마음이나 그때의 상황도 붙잡을 수 없는 것입니다.

한순간도 멈추지 않는 시간의 흐름 속에서 유일하게 확실한 것이 있습니다. 지금이라는 이 순간, 이 장소, 그리고 자신이 살아 있다는 것입니다. 그럼에도 이미 지나간 과거에 연연하며 산다면, 그것은 망령에 사로잡혀 있는 것입니다.

우리는 지금 이곳에서의 현실을 직시해야 합니다. 아직 오지 않은 미래까지 걱정으로 물들여 버린다면 몸은 지금 이곳에 있는데, 지금 이 시간 밖으로 나가 버리게 되는 셈입니다.

철학자 쇼펜하우어는 "지금 여기에 살아 있다는 것을 잊어버리라"라고 말한 바 있습니다. 과거의 인생에는 좋은 추억도 많고 배울 점도 많을 것입니다. 하지만 후회나 향수라는 망상 속에서 살아서는 안 됩니다. 잊어버리는 수밖에 없습니다. 그 망상에 사로잡히면 그런 자신이 한심해지고 '내가 이대로 살아갈 수 있을까?'라는 걱정이 들 것입니다.

미래가 어떻게 될지, 아니 자신이 어떻게 될지를 지나치게 걱정하면 불안의 노예가 될 수밖에 없습니다. 지금 이곳에서만 살 수 있음에도 지금 이곳이라는 현실의 울타리 밖에서 산다면, 그것은 이상하다기보다 어리석은 일일 것입니다. 그럼에도 "나는 원래 걱정이 많아서…"라고 말한다면, 그것은 자신도 모르는 사이에 삶을 축내는 잘못을 저지르고 있는 것이나 다름없습니다.

그래서 제안하고 싶은 것이 있습니다. '불안'과 '걱정'이라는 두 감정을 명확하게 구분하면 어떨까요? 지금까지 우리는 이 두 감정을 같은 의미로 사용해 왔는데, 이 두 감정을 혼동하는 데 문제가 있다고 생각합니다.

'불안'은 마음이 안정되지 않은 상태를 말합니다. 마음에 걸리는 일이 있으면 '이거 큰일이네. 어떡하지?'라는 감정에 휘둘려 차분함을 잃게 되고, 매사를 똑바로 바라보고 생각하지 못하게 되며, 적절하게 판단하고 행동하지도 못하게 됩니다. 마음이 매우 건강하지 못한 상태인 것입니다.

그렇다면 '걱정'이란 무엇일까요? 걱정을 일본어로는 '心配'라고 하는데, 한자를 풀어 보면 '마음(心)을 올바르게 배치(配)한다'는 의미가 됩니다. 따라서 크게 심호흡을 해서 마음을 진정시키면 됩니다. 그리고 지금 무엇을 할 수 있고, 무엇을 할 수 없는지 구별합니다.

당장 어떻게 해결할 수 있을 것 같지 않은 일은 조급하

게 생각하지 말고 먼저 그 상황을 인정하며 거스르지 않
는 것이 현명한 방법입니다. 그런 다음 무엇을 할 수 있는
지, 무엇을 해야 할지를 컴퓨터나 노트에 기입해 정리해
봅니다. 그러면 마음이 더 차분해집니다. 이렇게 마음을
배치하는 겁니다.

지금 할 수 있는 일에 몰두하세요. 그리고 지금 이곳을
즐기세요. 그렇게 할 수 있으면 불안은 어느새 사라지고
없을 것입니다.

5

있는 그대로의

자신으로

○

뒷면을 보이고 앞면을 보이며 떨어지는 단풍잎

_다이구 료칸

선입견이라는 마음의 쓰레기
아무것도 단정 짓지 않는다

사람들은 자신도 모르는 사이에 여러 가지 선입견에 사로잡혀 있기 마련입니다. 그 선입견은 어느 순간 근거 없는 확신이 되어 마음속에 자리 잡으며, 사물을 판단할 때의 기준이 되기도 하지요.

우리는 이런 기준을 통해 가치 판단을 함으로써 인생의 여러 상황들을 헤쳐 나가기도 합니다. 하지만 선입견이 너무 강하면 마음이 완고하고 가난해지며 좁아집니다. 또한 마음이 좁을수록 극단적인 생각에 사로잡히기 쉽습니다.

이렇게 '왼쪽이냐 오른쪽이냐', '흑이냐 백이냐' 식으로 어느 한쪽으로 치우치지 않고 최대한 편견 없이 사물을 바라보려면 어떻게 해야 할까요?

중국 당 시대의 무업 선사가 남긴 "막망상(莫妄想)"이라는 말이 있습니다. 한마디로 말하면 '망상에 빠지지 말라'는 의미로, 여기에는 매우 깊은 가르침이 담겨 있습니다. 《경덕전등록》에 따르면, 수행하는 제자들이 무엇을 물어보든 스승인 무업 선사는 대부분의 경우 그저 "막망상"이라고만 대답했다고 합니다.

'망상'이라고 하면 좋지 않은 것이나 있지도 않은 것을 상상하는 행위라고 생각하는 사람도 많을 겁니다. 하지만 여기에서 말하는 '망상'은 단순히 그런 의미만을 말하는 것이 아닙니다.

우리는 사물을 둘로 나눠서 생각하는 경향이 있습니다. 이를테면 '좋다/싫다', '착하다/나쁘다', '이익이다/손해다'라고 구분하는 것입니다. 요컨대 서로 비교해 구별하기도 하고, 어느 한쪽에 마음이 끌리거나 집착하기도 합니다. 또 '이렇지 않을까', '저렇지 않을까' 고민하며 항상 자신의 이익을 앞세웁니다.

그로 인해 우리는 괴로운 상념에 빠지게 됩니다. 자신과 타인을 비교하고는 우울해 하기도 하는데, 이 또한 망상의 소행입니다. 요컨대 망상이란, 사람의 마음을 얽매는 믿음, 흔들리는 마음을 전부 가리키는 말인 것이지요.

망상의 방해를 받지 않고 사물을 그저 사물 그대로 바라볼 수 있다면 우리의 마음이 좀 더 자유롭고 넓으며 유연해질 것 같지 않으십니까? '이렇다'고 단정하고 판단할 것 같을 때, '이거야'라고 믿고 누구의 목소리에도 귀 기울이지 않을 때, 나쁜 생각만 떠오르고 앞으로 나아가지 못할 때, 어쩌면 망상이 여러분에게 족쇄가 되고 있을지도 모릅니다.

매 순간 일어나는 잡념과 망상에 사로잡히는 것이 인간이라는 존재라지만, 그렇다고 망상에 끌려다니면서 살 수는 없습니다. 그렇다면 망상에 어떻게 대응하면 좋을까요?

사실 방법은 매우 간단합니다. 망상이 생겨나면 "막망상"이라고 중얼거려 보십시오. 그리고 생겨난 망상은 그대로 놔두십시오. 그리고 그저 지금, 이곳에 집중하면 됩니다. 그러면 온갖 선입견을 완전히 지울 수는 없지만, 그 망상은 자연스럽게 신경 쓰지 않게 될 것입니다.

때로는 망상을 내버려두고 마음속을 청소하는 것도 중요합니다.

사물의 본질을 잘못 판단하지 않기 위해
이분법적 사고를 멈춘다

중국 당나라의 법안문익 선사는 어느 날 제자들이 모여 있는 큰 방에 들어와 손가락으로 조용히 문발을 가리켰습니다. 이에 두 제자가 나서서 그 문발을 말아 올렸습니다. 그러자 법안 선사는 다른 말은 없이 "일득일실(一得一失)"이라고만 말했습니다.

여기에서 "일득일실"은 하나를 얻고 하나를 잃는다는 의미가 아닙니다. 법안 선사는 "한 명은 좋지만 한 명은 나쁘다"라고 말한 것입니다. 다만 어느 제자가 좋고 어느 제자가 나쁘다고는 명확하게 말하지 않았습니다. 법안 선사는 왜 이렇게 말한 것일까요?

저는 이 "일득일실"이라는 말을 이분법적 사고에 대한 훈계라고 해석합니다. 이분법적 사고란, '선과 악', '옳음과 그름', '아름다움과 추함', '길고 짧음', '생과 사', '적군과 아군', '흑과 백'같이 양극단을 기준삼아 사물을 판단하는 것입니다. 우리는 무의식중에 이런 이분법적 사고로 세상을 바라보고 있는 것은 아닐까요?

심리적으로 인간은 잘 모르는 것이나 모호한 것을 싫어합니다. 어떤 일이든 깔끔하게 빨리 결론을 내린 다음에 안심하고 싶어 합니다. 모호함을 견디기 힘들어하는 것이지요. 그래서 제대로 알지 못하는 상황에서, 때로는 첫인상만으로 사람이나 사물을 '좋다', '나쁘다' 판단해 버립니다.

이런 식으로 살아가면 어떤 일이 일어날까요?

가령 어떤 사람을 '적'이라고 간주하게 되면 그 사람의 말이나 행동 하나하나가 자신을 공격하는 것처럼 느껴져 두려워집니다. "중이 미우면 가사(袈裟)까지 밉다"는 속담의 전형적인 예로, 그 사람의 행동거지 하나하나가 마음에 들지 않게 되는 것입니다. 그리고 결국 주위 사람들이 봤을 때는 이해하기 어려운 분노를 끌어안고 살아가게 됩니다.

그렇다면 아무도 적으로 간주하지 않고 모두를 '내 편'이라고 생각해야 할까요? 사실은 이 또한 위험합니다.

사람은 누군가를 '내 편'이라고 생각하게 되면 그 사람을 전적으로 믿게 됩니다. 그러면 그 사람에 대해 매우 관대해져서 문제점이 있어도 간과하기 쉽지요. 그러다 그 사람이 자신의 생각과 다른 말이나 행동을 하면 의심에 빠집니다.

그런데 과도한 믿음이 상대에게 부담을 줘 상대는 점차 불편함을 느낍니다. 그래서 건전한 인간관계가 오래 지속되지 못하지요.

이 세상에 명확하게 흑 또는 백이라고 단정지을 수 있는 것은 없다고 해도 과언이 아닙니다. 그러므로 이분법적 사고로 '좋다', '나쁘다'라고 구분하는 것은 사물의 본질을 잘못 판단하게 할 수 있습니다.

앞에서 법안 선사가 "일득일실"이라고 말했을 때, 어느 제자가 '득'이고 어느 제자가 '실'이라고 말하지 않았다고 했는데, 이는 다시 말해 '어느 쪽이어도 상관없다'는 의미가 아니었을까 싶습니다.

불교에는 '평등즉차별'이라는 말이 있습니다. 평등은 자칫하면 불평등이 되기 쉬우므로 각자의 차이를 세심하게 살핀 다음 평등하게 인정한다는 마음가짐이 부모 자식 사이에도 필요하다는 것입니다.

저는 법안 선사가 말한 "일득일실"에도 그런 가르침이 담겨 있다고 받아들였습니다. 설령 문발 하나를 똑같이 감아올리더라도 서로 다른 사람인 이상 뭔가 다른 점이 있을 것입니다. 그러므로 어떤 사소한 차이라도 결코 똑같이 생각하거나 소홀히 하지 않습니다. 그리고 그 차이를 활용할 방법이 없는지 살핍니다.

그러고 보면 법안 선사는 "차이가 있기는 하지만 양쪽 모두 좋은 점이 있다"라고 말한 것은 아닐까요?

무조건 좋은 것도,
무조건 나쁜 것도 없다
모든 것이 지금의 자신에게 딱 적당하다

이분법적 사고에 관해 조금 더 생각해 봅시다.

《논어》에는 "무가무불가(無可無不可)"라는 말이 나옵니다. 일상적인 대화에서도 가끔 사용되는 말인데, 이 경우 '좋은 점도 없고 나쁜 점도 없다. 즉 두드러진 점이 없다'라는 어감으로 쓰일 때가 많습니다. 그다지 좋은 의미는 아니지요. 하지만 이것을 선의 관점에서 생각해 보면 '옳음도 없고 옳지 않음도 없다', 즉 '딱 적당하다'라는 의미가 됩니다.

'옳음', '옳지 않음'에 집착하면 마음이 융통성이 없고 고집스러워집니다. 이런 마음으로는 주위도 자신도 유연하게 바라보지 못하며, 선입견 때문에 불쾌감에 휘말릴 수도 있습니다. '옳음'에 집착하면 '옳지 않은' 부분이 눈에 띄어서 짜증이 나고, '옳지 않음'에 집착하면 '안 돼. 틀렸어'라는 생각 때문에 의욕을 잃게 됩니다.

공자가 말한 "무가무불가"는 요컨대 '옳다', '옳지 않다'라고 분별하는 것을 경계하라는 말일 것입니다. 온갖 사상(事象)은 옳고 그름이라는 이분법적 사고로 결정할 수 있는 것이 아니라는 말입니다. 이 세상에 '무조건 좋다', '무조건 나쁘다'라고 말할 수 있는 것은 드뭅니다. 마찬가지로 자신이 어떤 상황에 놓이든 '무조건 좋다', '무조건 나쁘다'라고 단언할 수도 없습니다. 좋은 점이 있어도 나쁜 점이 포함되어 있기 마련이며, 나쁜 점이 있어도 뭔가 좋은 점이 포함되어 있기 마련입니다. 요컨대 '좋지도 나쁘지도 않다'는 것은 달리 말하면 '좋은 점도 있지만 나쁜 점도 있다'는 뜻이기도 한 것입니다. 그러므로 여기에 집착하는 것은 그리 의미가 없습니다.

가령 눈앞에 두 가지 상황이나 사물이 있을 때 그 두 가지 사이에 차이가 있으면 그중 어느 쪽이 좋고 어느 쪽이 나쁜지 판단하는 게 사람의 마음입니다. 그런데 그때 의식해야 할 것은 이분법적 사고 사이에 회색지대를 남겨 놓는 여유입니다. 즉, '둘 다 좋은 점이 있으면 나쁜 점도 있다'는 식의 생각 말입니다. 그렇게 생각하면 무슨 일이든 '옳다/그르다', '착하다/악하다', '좋다/싫다'라는 이분법적 사고에서 벗어나 유연하게 바라볼 수 있게 되지 않을까요?

'세상만사에는 옳고 그름이 없다', '착하고 악함도 없으며, 좋고 싫음에 얽매일 필요도 없다', '업무의 결과도, 부하 직원의 성과도, 가정생활도 전부 지금의 나에게 딱 적당하다'라고 생각하면 갑자기 어깨에 들어갔던 힘이 빠지고 마음이 가벼워질 것입니다. 그렇게 되면 마음도 편안해집니다.

다시 말하면 지금의 자신은 '옳음'에도 '옳지 않음'에도 얽매일 필요 없는, 그만큼 복 받은 환경에서 살고 있는 것입니다. 그런 만큼 주변을 배려하는 마음을 잊어서는 안 될 것입니다.

허영심은 마이너스가 될 뿐
있는 그대로의 자신으로 산다

허영심은 우리 인생에서 마이너스가 될 뿐 전혀 플러스가 되지 않습니다. 가령 욕망은 폭주하지 않도록 적절하게 통제하기만 하면 사람이 살아가는 데 필요한 활력을 만들어냅니다. 하지만 주위에 허세를 부리며 자신을 더 크게, 더 멋지게 보이려고 하는 허영심은 그렇지가 않습니다.

인간은 장점도 있고 단점도 있는 존재이며, 강점도 있고 약점도 있는 존재입니다. 그런데 허세를 부리며 장점이나 강점만 보이려고 하면 자신이 먼저 피곤해집니다.

가면을 써야 하기 때문이지요.

　이런 사실을 자각하지 못하고 계속 허세를 부리면 점점 곁에서 사람들이 떠나게 됩니다. 감언이설과 함께 가까이하려는 사람도 있을 수 있지만, 그런 경우는 불순한 마음으로 뭔가 대가를 바라는 경우가 대부분입니다.

　이 상황에서도 깨닫지 못하고 계속 허세를 부리게 되면 결국 마음 터놓고 이야기할 진정한 친구 대신 아첨하는 '예스맨'만 남게 됩니다.

　안타깝게도 이런 상황에 빠진 사람이 의외로 많습니다. 사회적으로 어느 정도 지위에 오른 사람일수록 이런 경우가 많습니다. 지위가 높아질수록 솔직한 이야기를 해주는 사람이 줄어들기에 자기 스스로 점점 자신이 특별하다고 착각하게 되기 때문일 것입니다. 그렇기에 지위가 높아질수록 허영심에 지배당하지 않도록 주의해야 합니다.

　그런데 사실 이게 그렇게 쉬운 일이 아닙니다.

　사람은 누구나 마음속에 허영심을 갖고 있기 마련이며, 허영심은 쉽게 버릴 수 없는 복잡한 심리이기도 합니다.

철학자 니체는 《인간적인 너무나 인간적인》이라는 책에서 자신의 좋지 않은 성질이나 습관을 드러내거나 나쁜 행실을 숨김없이 털어놓은 것처럼 보이는 경우일지라도 허영심이 없다고 말할 수 있는가 하면, 그렇지 않다고 했습니다. 약점을 드러내면서 실제로는 좀 더 켕기는 부분을 숨기려고 하는 것 또한 인간의 심리이기 때문이라는 것입니다. 게다가 인간은 항상 상대에 따라서 자신을 어디까지 보여줄지 무의식적으로 판단합니다.

허영심의 복잡함에 대해 지적한 니체의 글을 읽을수록 저도 이에 대해 반박할 자신이 없어집니다.

'과연 나는 허영심이 전혀 없다고 말할 수 있을까? 다른 누군가의 허영심에 대해 지적할 수 있을까?'

저 역시 아직 그럴 만큼의 경지에 이르지 못한 게 사실입니다.

뒷면을 보이고 앞면을 보이며 떨어지는 단풍잎

《선림세어집》에 실려 있는 료칸의 글입니다.

보통 '단풍잎'이라고 하면 떠오르는 그 선명한 붉은색

은 단풍잎의 앞면에만 있습니다. 뒷면의 색은 다르지요. 하지만 단풍잎은 사람들의 그런 생각에 전혀 신경 쓰지 않고 떨어질 때가 되면 붉은 면도 붉지 않은 면도 모두 보이면서 팔랑팔랑 떨어집니다. 료칸의 글에는 사람도 그처럼 자연의 흐름에 맡긴 채 '장점이 보이면 좋고 단점이 보여도 좋다'는 식으로 살면 어떻겠느냐는 가르침이 담겨 있는 듯합니다.

좋은 측면과 나쁜 측면을 언제, 누구에게 보여줘야 자신에게 이익이 될지 계산하고 계획하는 한 단풍잎처럼 될 수는 없을 것입니다.

료칸은 허영심과는 인연이 없는 사람이었습니다. 사람들이 '바보', '기행을 일삼는 사람'이라며 손가락질해도 전혀 개의치 않고 그저 있는 그대로의 모습으로 살았습니다. 타인의 평가 따위는 아무래도 상관없었던 것입니다. 거물이 되는 데 대해 전혀 흥미가 없었던 그는 아무런 꾸밈도 없이 있는 그대로의 자신을 즐기며 유유자적하게 살았습니다.

우리가 이런 경지에 오르려면 아직 시간이 많이 필요

할 것 같습니다. 하지만 이제 와서 자신을 드러내든 감추든 어차피 사람들은 다 꿰뚫어보게 되어 있습니다. 그러니 타인에게 해를 끼치는 일은 최대한 삼가면서 있는 그대로의 자기 모습으로 살면 된다고 생각하십시오. 지금보다 좀 더 순수한 마음으로 사는 것이 자신에게도 솔직해지는 길입니다. 그만큼 마음에 여유가 생길 것입니다.

진정한 의미에서
인생의 주인공이 되는 방법
손익계산이나 호불호는 일단 잊는다

'지금의 나는 내가 꿈꾸는 내가 아니야.'

'나는 언젠가, 사람들이 좀 더 높게 평가하는 무언가가 될 거야.'

젊은 사람들은 이런 생각에 빠져 있기 쉽습니다. 명확한 목표도 비전도 없이 그저 지금의 자신에게 만족하지 않을 뿐이지요. 하지만 자신이 보잘것없다고는 생각하고 싶어 하지 않습니다. 그래서 근거도 없는 자신감을 앞세우며 '언젠가', '무언가' 같은 추상적인 표현을 동원해 큰 소리를 칩니다.

속으로 뜨끔해 하는 분도 많지 않을까 싶습니다. 사실은 저도 그랬으니까요.

안타깝게도 사람들은 현재의 자신과 미래의 자신이 연장선상에 있음을 간과하곤 합니다. 자신이 있는 모든 장소에서 그 순간순간을 열심히 살다 보면 어느 새 무엇인가를 이루게 된다는 사실을 아직 깨닫지 못하고 있는 것이지요.

그런데 이런 생각은 젊었을 때뿐만 아니라 나이를 먹은 뒤에도 무의식 속에 어느 정도 남아 있는 듯합니다.

임제 선사는 "어디에 있든 그곳의 주인이 되면 서 있는 그곳이 진리가 된다"라는 말을 남겼습니다. 이 말은 '어떤 상황에 놓이더라도 자기 삶의 주인으로서 살아가면 어디에 있든 그곳이 바로 자기 인생의 무대가 되며, 삶의 기쁨을 느끼는 진실의 세계가 된다'는 의미입니다.

그러나 이 말은 언제 어디서나 자신을 전면에 내세우고 주장하라거나 다른 사람들을 누르고 두각을 나타내라는 말이 아닙니다. 오히려 그 정반대의 의미이지요. 자신을 전면에 내세우면 인생의 주인공이 된 것 같은 기분이 들지도 모릅니다. 하지만 오히려 이런 자아를 버릴 때 사람은 그 장소, 그 순간을 성실하게 살 수 있게 된다는 말입니다. 그때 비로소 인생을 알차게 살 수 있게 되는 것입니다.

'자아를 버리고 자신이 서 있는 모든 장소에서 무심하게 살라. 손익계산이나 호불호 같은 자기중심적인 가치 판단을 초월해 그때 그 장소에서 자신이 해야 할 일을 무심하게 열심히 하면 된다.'

임제 선사는 이것이야말로 진정한 의미에서 '인생의 주인공'이 되는 방법이라고 가르친 것은 아닐까요?

임제 선사의 가르침은 '몰입'과도 통합니다.

'자신을 잊고 무심하게 지금 이곳, 이 순간에 해야 할 일에 몰두한다.'

말하자면 그때의 역할에 몰입할 때 사람은 자아라는 족쇄로부터 자유로워지게 됩니다. 이는 '자신을 잃어버리는' 것과는 다릅니다. 오히려 최선을 다해 사는 것입니다.

호불호나 손익계산이 개입되면 때로는 자기중심적으로 계산하려는 마음이 발동해서 열심히 하지 못하게 됩니다. 일에 대한 판단력도 흐려집니다. 그런 잡념을 버릴 때 비로소 훌륭한 결과를 만들어내게 되지 않을까요?

　가끔은 하고 싶지 않은 일이 자신에게 돌아와 '왜 내가…'라고 생각할 때도 있을 것입니다. 어느 정도 나이가 들거나 경력이 쌓인 사람일수록 '나는 이런 일 할 사람이 아니야'라는 불평불만이 커집니다. 하지만 하고 싶지 않은 일을 해야 할 때도 자신이 맡은 역할에 몰두해 보면 어떨까요? 불평불만을 늘어놓으면 불쾌한 기분에 사로잡히게 됩니다. 그러니 불평을 늘어놓기 전에 재빨리 몰두함으로써 일을 끝내 버리는 것입니다.

　무언가 대단한 일을 해야만 인생의 주인공이 될 수 있는 것은 아닙니다. "어디에 있든 그곳의 주인이 되면 서 있는 그곳이 진리가 된다"라는 임제 선사의 말처럼 어디서든 주체적으로 살고자 하고 눈앞의 일에 몰두하려고 하면 그곳이 어디든, 무엇을 하든 인생의 주인공이 될 수 있는 것입니다.

　보람 있는 인생은 틀림없이 이러한 삶의 자세에서 시작될 것입니다.

"너의 이름은 무엇이냐?"
다른 누구도 아닌 나 자신으로 돌아간다

중국 당나라의 앙산혜적 선사가 어느 날 제자인 삼성혜 연 선사에게 물었습니다.

"너의 이름은 무엇이냐?"

이에 삼성혜연 선사는 "혜적입니다"라고 대답했습니 다. 그 말에 앙산혜적 선사가 "그것은 내 이름이다"라고 말하자 삼성혜연 선사는 다시 "맞습니다. 제 이름은 혜 연입니다"라고 대답했습니다. 삼성혜연 선사의 대답을 들은 앙산혜적 선사는 껄껄 웃었습니다.

《벽암록》에 나오는 문답입니다.

선문답 같은 두 선사의 대화에 대체 무슨 의미가 담겨 있는지 잘 이해가 안 된다고 하는 사람도 많지 않을까 싶습니다. 두 선사의 대화에는 대체 무슨 의미가 담겨 있을까요? 왜 앙산혜적 선사는 잠꼬대처럼 들리는 삼성혜연 선사의 대답에 웃었을까요?

저는 이 대화에 '나는 대체 누구인가?'라는 심오한 메시지가 담겨 있는 듯합니다.

한 가지 일을 20~30년 계속하면 위치가 상당히 공고해지기 마련입니다. '○○ 회사'라는 배경, 그리고 조직 내에서 얻은 높은 지위로 인해 회사 안팎의 사람들이 우러러보는 대상이 될 수도 있지요. 그런데 그런 속성이나 직함을 걷어낸 원래의 자신은 어떤 존재인지 잊게 되는 경우도 있습니다.

대기업 명함이 있으면 무엇이든지 할 수 있다고 생각하는 듯 행동하는 사람도 가끔 볼 수 있습니다. 하지만 설령 그렇다 하더라도 무엇이든 할 수 있는 것은 명함에 적혀 있는 회사 이름 덕분입니다. 요컨대 회사라는 감투를 쓰고 있기에 사람들이 대우를 해 주는 것이지요. 하지만 대우받는 데 익숙해져 버리면 '나는 대단한 사람이야'라고 착각하기 쉽습니다.

정년퇴직 후 회사의 명함을 더 이상 사용하지 못하게 된 사람들은 정체성의 혼란을 겪는다고 합니다. 이 또한 위와 같은 이유 때문입니다. 지금은 어떤지 모르겠지만, 예전에는 정년퇴직을 한 뒤에도 자신이 일했던 회사의 명함을 소중히 간직하면서 사람들을 만날 때 사용한 사람이 적지 않았습니다. 그렇게라도 하지 않으면 자신을 어떻게 표현해야 할지 몰랐기 때문이지요.

물론 여러분은 아직 정년퇴직 할 나이는 아닐지도 모릅니다. 하지만 이미 어느 정도의 지위에 올랐고 한 분야에서 성과도 쌓아 왔다면, 그 지위나 공적, 회사라는 속성에 집착하는 마음이 없지는 않을 겁니다.

그런데 그 집착을 걷어내면 마음이 자유로워질 것 같지만 처음에는 불안감을 더 크게 느끼게 됩니다. 그래서 직함을 버리면 자유롭고 유연한 세계가 열린다는 사실을 깨닫기가 쉽지 않지요.

예를 들어, 저에게는 '후지와라 도엔'이라는 이름이 있습니다. 세속적 관점에서 보면 어떤 때는 호타이지라는 절의 주지이고, 또 어떤 때는 문화홀의 관장이기도 합니다. 그 밖에도 누군가의 친구, 부모님의 아들이기도 합니다. 이렇게 다양한 속성을 가진 것이 저라는 존재입니다. 그런데 이러한 속성들과 이름까지 버리고 나면 저는 대체 어떤 존재일까요?

이처럼 자신을 수식해주는 속성에 얽매이지 않고 내면을 더듬어 보면 참으로 흥미롭습니다.

보통은 자신의 이름보다 회사 이름이나 자신이 맡고 있는 직책을 내세워 일할 때가 많을 것입니다. 그러다 문득 어깨에서 힘을 빼고 싶어질 때 "너의 이름은 무엇이냐?"라고 자신에게 물어보는 것은 어떨까요? 먼저 자신을 꾸며주는 속성이나 직함을 걷어내고, 조직으로부터도 체면으로부터도 해방되어 자유를 느껴 보는 것입니다.

구체적인 방법으로는, 지금까지와는 전혀 관련 없는 동아리라든가 문화 교실에 들어가 보는 것도 좋습니다. 자신의 직함이 영향을 미치지 않는 공간을 만드는 것이지요. 그런 다음 자기 안에 있는 다양한 면들을 되돌아보는 것입니다.

때로는 이렇게 자신이라는 존재를 탐구해 보는 건 어떨까요? 누구라고 한정할 수 없는 힘이 자기 안에 살아 숨쉬는 것을 느낄 수 있을 것입니다.

물론 직함이 전혀 가치 없는 것은 아닙니다. 하지만 살아가다 보면 방해가 되는 경우도 있습니다. 그러니 일생을 놓고 보면 자신만의 '맛'을 빚어낼 수 있는 인간미를 키우는 것이 더 중요하지 않을까 싶습니다.

나 이외의 모두가 나의 스승

아무리 나이를 먹더라도 더 성장할 수 있다

혜능 선사는 중국 선종의 제6조(祖)에 해당하는 인물로, 가난하고 읽을 줄도 쓸 줄도 몰랐지만 깨달음을 얻었습니다.

그런 혜능 선사가 "절을 하는데 머리가 땅에 닿지 아니하다니 어찌 된 일인가? 이는 절을 하지 않은 것과 다르지 않다"《경덕전등록》)라고 말한 적이 있습니다. 절을 했더라도 그 형식이 불충분하다면 절을 했다고 볼 수 없다는 말인데, 이는 단순히 형식에 관한 이야기가 아닙니다.

어느 날, 법달이라는 수행승이 혜능 선사를 찾아왔습니다. 절에서는 스승을 대면할 때 머리와 두 팔꿈치, 두 무릎을 바닥에 붙이고 절을 하는데, 법달이 그 형식에 따라 머리를 땅에 대려고 할 때 혜능 선사가 이렇게 재촉했습니다.

과연 혜능 선사는 형식에 얽매인 속 좁은 스승이었던 것일까요?

그렇지 않습니다.

당시의 상황을 좀 더 자세히 살펴보면, 혜능 선사는 법달에게 다음과 같이 말했습니다.

"자네의 절은 절이라고 할 수 없네. 자네 마음속에 무언가 다른 생각이 있기 때문이겠지. 지금까지 무엇을 공부했는가?"

사실 혜능 선사를 찾아온 법달은 '경전의 왕'이라고 하는 《법화경》에 통달한 것으로 알려져 있었습니다. 즉, 학식이 넘치는 법달은 읽고 쓰지도 못하는 혜능 선사 앞에서 자신의 논리를 자랑하기 위해 찾아온 것이었지요. 혜능 선사는 예를 표하는 작은 몸짓에서 그런 법달의 자만심과 교만함을 꿰뚫어봤던 것입니다.

자신의 생각을 들켰음에도 법달은 말했습니다.

"저는 법화경을 셀 수도 없을 만큼 공부해 왔습니다."

그러자 혜능 선사는 즉시 이렇게 타일렀다고 합니다.

"수만 번 공부해서 그 의미를 완전히 이해했더라도 자신이 대단하다는 생각을 버려야 한다. 나와 함께 수행하자꾸나."

이렇게 자신의 오만함을 꿰뚫어 보고 타이르기까지 한 혜능 선사에게 법달은 아무 말도 하지 못했을 것이 틀림없습니다. 법달은 자신이 지금껏 쌓아 온 지식에 대해 교만함이 생겨났던 것입니다. 자신의 학식이 높다거나 힘이 있다는 생각에 무엇이든 자신이 옳다며 주위를 내려다보고 있었던 것은 아닐까요?

이 일화에서는 혜능 선사의 이런 서릿발 같은 꾸짖음이 들리는 듯합니다. 혜능 선사가 이렇게 꾸짖어 준 덕분에 법달은 선의 수행을 완수할 수 있었습니다.

지식이나 경험을 쌓으면 견문이나 학식, 기술은 분명히 발전하게 돼 있습니다. 회사에서 직급을 맡고 있는 사람은 수많은 경험을 쌓은 만큼 업무 능력이 젊은이들에 비할 바가 아닐 것입니다. 하지만 그렇다고 해서 교만해지면 사람은 그 이상 성장하지 못하게 됩니다. '자신은 이미 다 성장했다, 다 배웠다'라고 생각하면 자신을 가장 높은 위치에 두게 되기 때문입니다. 수치로 말하면 10점 만점에 10점을 주는 것이지요. 이렇게 되면 그보다 더 높은 단계가 있을지도 모른다는 생각을 하지 않게 됩니다.

오늘은 1이라는 시작의 수에 발을 들여놓는 날.
바르게 살자.

교육자이자 시인이었던 구조 다케코가 새해 첫날에 읊은 《훈연》이라는 시입니다. '오늘은 1년의 시작. 바르게 살자고 맹세했다'는 내용입니다. 하지만 이런 맹세는 새해 첫날에만 적용되는 이야기가 아닙니다.

그리고 이 '1'이라는 숫자를 '0'이라고 생각해 보면 어떨까요? 그러면 지금까지 배웠던 것을 전부 버리고 갓 태어난 사람의 마음가짐으로 '자신은 아직 부족하니 다시 한 번 학습하자고 매일 결심한다'는 의미로 받아들일 수 있지 않을까요?

이렇게 한다면 아무리 나이를 먹더라도 더 성장할 수 있습니다. 더 배울 수 있는데 스스로 한계를 정해 버리고, 더 크게 성장할 수 있는데 미숙한 상태로 끝나 버린다면 이 얼마나 아까운 일이겠습니까?

그러니 '0'이 되기는 어렵더라도 '1'의 높이에서 바라봅시다. 나이를 먹을수록 주위에서 우러러보고 치켜세우는 일도 많아질 것입니다. 그렇기에 더더욱 이런 겸허함을 함께 지니는 것이 중요합니다.

그런데 인간은 혼자서는 겸허해지기가 어려운 존재입니다.

《내가 만난 소중한 한마디》라는 책을 보면 어느 학교의 게시판에 이런 글귀가 적혀 있다고 합니다.

맞으면서 강해지고,
꾸짖음을 받으면서 올발라지고,
비웃음을 당하면서 자신을 안다.

나이를 먹으면 자신을 꾸짖어 주는 사람이 없어집니다. 쓴소리를 듣거나 기분 나쁜 일을 당했을 때 작가 요시카

와 에이지가 말한 것처럼 "나 이외의 모두가 나의 스승"이
라는 생각에 귀를 기울이시기 바랍니다.

있는 그대로의 자신으로

지금 이곳에 자신을 버린다
인생의 의미를 밖에서 찾지 않는다

"인생을 사는 의미가 있는가?"

이 따위 질문에 대해 생각하는 건 시간 낭비라고 말하는 사람도 있을지 모릅니다. 시간 낭비라고 생각하는 이유는 자신의 욕망을 실현하는 것이 인생을 사는 의미이므로 이제 와서 새삼스럽게 생각할 필요가 없기 때문이거나, 그런 것을 생각한들 답을 찾을 수 없기 때문이거나 둘 중 하나일 것입니다.

하지만 사람은 언젠가 한 번은 반드시 이 질문과 마주하게 됩니다. 가령 아무리 만족스럽게 살고 있다 하더라도 '이렇게 매일 똑같은 생활이 반복되는 인생이라면 살아갈 의미가 있을까?'라는 생각이 들 때가 있을 것입니다. 또한 뭘 해도 잘 풀리지 않거나 생각지도 못했던 부조리한 일을 당하게 되면 '내가 없어져도 누구 하나 슬퍼하지 않을 거고 세상은 잘만 돌아갈 텐데, 나라는 존재가 무슨 필요가 있나'라는 생각을 하면서 괴로워 할 때도 있을 것입니다.

《죽음의 수용소에서》의 저자이자 신경정신과 교수였던 빅터 프랭클은 "인생의 의미는 여러 가지 사건을 통해 방황하고 괴로워하고 궁지에 몰렸을 때 인생이 가르쳐 주는 것"이라고 했습니다.

그는 제2차 세계대전 때 가족과 함께 유태인 수용소인 아우슈비츠로 끌려갔다가 그곳에서 사랑하는 가족을 모두 잃고 천신만고 끝에 살아남았습니다. 그는 수용소 생활을 거치면서 '살아간다는 것은 시련의 연속이며, 이 시련을 이겨내려면 그 속에서 의미를 찾아야 한다는 사실을 깨달았고, 이후 심리적으로 공황 상태에 빠진 사람들에게 삶에 대한 의지를 되살려줌으로써 의미 있는 삶을 살 수 있도록 도왔습니다.

또 그는 살아가는 이유를 잃어버린 사람들에게 "삶이 무엇인가를 해주기를 기대만 할 것이 아니라 삶이 우리에게 무엇을 요구하는지 생각해보라"라고 말했습니다. 즉, 인생의 의미를 외부에서 찾기보다 일어난 사건에 대해 고뇌하면서도 자신에게 주어진 일에 몰두하면 자신이 지금 살아 있다는 사실만으로도 깊은 충만감을 맛볼 수 있다는 것입니다.

그렇게 느끼고 이해할 수 있는 인간성을 키우면 인생의 의미는 눈앞에 자연스럽게 나타납니다. 그러니 인생의 의미를 묻는 시간을 소중히 여기셨으면 합니다.

시인 사카무라 신민은 말했습니다.

그냥 살고, 그냥 죽는다.
그냥이라는 두 글자에 모든 것이 빛나고,
그냥이라는 두 음에 만물이 빛난다.

사는 것이 싫어져도 됩니다. 괴로워해도 됩니다. 좌절해도 됩니다. 발끈해도 됩니다. 어쨌든 살아가십시오. 그

리고 인생의 의미를 외부에서 찾지 말고 지금 이곳에 자
신을 버리십시오.

김정환 옮김

건국대학교 토목공학과를 졸업하고 일본외국어전문학교 일한통번역과를 수료했다. 21세기가 시작되던 해에 우연히 서점에서 발견한 책 한 권에 흥미를 느끼고 번역의 세계에 발을 들였으며, 현재 번역에이전시 엔터스코리아의 출판기획자 및 일본어 전문 번역가로 활동하고 있다.

경력이 쌓일수록 번역의 오묘함과 어려움을 느끼면서 항상 다음 책에서는 더 나은 번역, 자신에게 부끄럽지 않은 번역을 하기 위해 노력 중이다. 공대 출신 번역가로서 논리성을 살리면서도 문과적 감성을 접목하는 것이 목표다. 야구를 좋아해 한때 imbcsports.com에 일본 야구 칼럼을 연재하기도 했다. 번역 도서로는 《화내지 않는 43가지 습관》, 《불안과 외로움을 다스리는 인생의 약상자》, 《습관을 바꾸는 심리학》, 《하버드의 생각수업》, 《마흔, 버려야 할 것과 붙잡아야 할 것들》, 《청춘 명언》, 《온기: 마음이 머무는》, 《영원한 청춘》, 《나답게 살다 나답게 죽고 싶다》 등이 있다.

버려야 채워진다
무엇을 버리고 무엇을 채울 것인가에 대한 큰스님의 조언

초판 1쇄 발행 2019년 8월 26일

지은이 후지와라 도엔
펴낸이 정덕식, 김재현
펴낸곳 (주)센시오

출판등록 2009년 10월 14일 제300-2009-126호
주소 서울 은평구 진흥로67 (역촌동, 5층)
전화 02-734-0981
팩스 02-333-0081
메일 nagori2@gmail.com

편집 고정란
경영지원 염진희
디자인 Design IF

ISBN 979-11-967504-6-6 03320